書名：《元空法鑑批點本——附法鑑口授訣要》
《秘傳玄空三鑑奧義匯鈔》　合刊
系列：心一堂術數珍本古籍叢刊　堪輿類　蓮池心法・玄空六法系列
作者：〔清〕曾懷玉、〔民國〕歐陽在田

主編、責任編輯：陳劍聰
心一堂術數珍本古籍叢刊編校小組：陳劍聰　素聞　梁松盛　鄒偉才　虛白盧主

出版：心一堂有限公司
地址／門市：香港九龍尖沙咀東麼地道六十三號好時中心LG 六十一室
電話號碼：+852-6715-0840
網址：www.sunyata.cc
電郵：sunyatabook@gmail.com
網上書店：http://book.sunyata.cc
網上論壇：http://bbs.sunyata.cc/

版次：二零一三年九月初版
平裝

定價：人民幣　二百九十八元正
　　　港幣　　二百九十八元正
　　　新台幣　一千一百八十元正

國際書號：ISBN 978-988-8266-09-8

香港及海外發行：香港聯合書刊物流有限公司
地址：香港新界大埔汀麗路三十六號中華商務印刷大廈三樓
電話號碼：+852-2150-2100
傳真號碼：+852-2407-3062
電郵：info@suplogistics.com.hk

台灣發行：秀威資訊科技股份有限公司
地址：台灣台北市內湖區瑞光路七十六巷六十五號一樓
電話號碼：+886-2-2796-3638
傳真號碼：+886-2-2796-1377
網路書店：www.govbooks.com.tw
　　　　　www.bodbooks.com.tw
經銷：易可數位行銷股份有限公司
地址：台灣新北市新店區寶橋路二三五巷六弄三號五樓
電話號碼：+886-2-8911-0825
傳真號碼：+886-2-8911-0801
email：book-info@ecorebooks.com
易可部落格：http://ecorebooks.pixnet.net/blog

中國大陸發行・零售：心一堂書店
深圳地址：中國深圳羅湖立新路六號東門博雅負一層零零八號
電話號碼：+86-755-8222-4934
北京地址：中國北京東城區雍和宮大街四十號
心一店淘寶網：http://sunyatacc.taobao.com

心一堂術數古籍珍本叢刊 總序

術數定義

術數，大概可謂以「推算、推演人（個人、群體、國家等）、事、物、自然現象、時間、空間方位等規律及氣數，並或通過種種『方術』，從而達致趨吉避凶或某種特定目的」之知識體系和方法。

術數類別

我國術數的內容類別，歷代不盡相同，例如《漢書・藝文志》中載，漢代術數有六類：天文、曆譜、無行、蓍龜、雜占、形法。至清代《四庫全書》，術數類則有：數學、占候、相宅相墓、占卜、命書、相書、陰陽五行、雜技術等，其他如《後漢書・方術部》、《藝文類聚・方術部》、《太平御覽・方術部》等，對於術數的分類，皆有差異。古代多把天文、曆譜、及部份數學均歸入術數類，而民間流行亦視傳統醫學作為術數的一環；此外，有些術數與宗教中的方術亦往往難以分開。現代學界則常將各種術數歸納為五大類別：命、卜、相、醫、山，通稱「五術」。

本叢刊在《四庫全書》的分類基礎上，將術數分為九大類別：占筮、星命、相術、堪輿、選擇、三式、讖緯、理數（陰陽五行）、雜術。而未收天文、曆譜、算術、宗教方術、醫學。

術數思想與發展——從術到學，乃至合道

我國術數是由上古的占星、卜蓍、形法等術發展下來的。其中卜蓍之術，是歷經夏商周三代而通過「龜卜、蓍筮」得出卜（卦）辭的一種預測（吉凶成敗）術，之後歸納並結集成書，此即現傳之《易經》。經過春秋戰國至秦漢之際，受到當時諸子百家的影響、儒家的推崇，遂有《易傳》等的出現，原本是卜蓍術書的《易經》，被提升及解讀成有包涵「天地之道（理）」之學。因此，《易・繫辭傳》曰：「易與天地準，故能彌綸天地之道。」

漢代以後，易學中的陰陽學說，與五行、九宮、干支、氣運、災變、律曆、卦氣、讖緯、天人感應說等相結

合，形成易學中象數系統。而其他原與《易經》本來沒有關係的術數，如占星、形法、選擇，亦漸漸以易理（象數學說）為依歸。《四庫全書・易類小序》云：「術數之興，多在秦漢以後。要其旨，不出乎陰陽五行，生尅制化。實皆《易》之支派，傅以雜說耳。」至此，術數可謂已由「術」發展成「學」。

及至宋代，術數理論與理學中的河圖洛書、太極圖、邵雍先天之學及皇極經世等學說給合，通過術數以演繹理學中「天地中有一太極，萬物中各有一太極」（《朱子語類》）的思想。術數理論不單已發展至十分成熟，而且也從其學理中衍生一些新的方法或理論，如《梅花易數》、《河洛理數》等。

在傳統上，術數功能往往不止於僅僅作為趨吉避凶的方術，及「能彌綸天地之道」的學問，亦有其「修心養性」的功能，「與道合一」（修道）的內涵。《素問・上古天真論》：「上古之人，其知道者，法於陰陽，和於術數。」數之意義，不單是外在的算數、歷數、氣數，而是與理學中同等的「道」、「理」——心性的功能，北宋理氣家邵雍對此多有發揮：「聖人之心，是亦數也」、「萬化萬事生乎心」、「心為太極」。《觀物外篇》：「先天之學，心法也。……蓋天地萬物之理，盡在其中矣，心一而不分，則能應萬物。」反過來說，宋代的術數理論，受到當時理學、佛道及宋易影響，認為心性本質上是等同天地之太極。天地萬物氣數規律，能通過內觀自心而有所感知，即是內心也已具備有術數的推演及預測、感知能力；相傳是邵雍所創之《梅花易數》，便是在這樣的背景下誕生。

《易・文言傳》已有「積善之家，必有餘慶；積不善之家，必有餘殃」之說，至漢代流行的災變說及讖緯說，我國數千年來都認為天災，異常天象（自然現象），皆與一國或一地的施政者失德有關；下至家族、個人之盛衰，也都與一族一人之德行修養有關。因此，我國術數中除了吉凶盛衰理數之外，人心的德行修養，也是趨吉避凶的一個關鍵因素。

術數與宗教、修道

在這種思想之下，我國術數不單只是附屬於巫術或宗教行為的方術，又往往已是一種宗教的修煉手段——通過術數，以知陰陽，乃至合陰陽（道）。「其知道者，法於陰陽，和於術數。」例如，「奇門遁甲」術中，即分為「術奇門」與「法奇門」兩大類。「法奇門」中有大量道教中符籙、手印、存想、內煉的內容，是道教內丹外法的一種重要外法修煉體系。甚至在雷法一系的修煉上，亦大量應用了術數內容。此外，相術、堪輿術中也有修煉望氣色的方法；堪輿家除了選擇陰陽宅之吉凶外，也有道教中選擇適合修道環境（法、財、侶、地中的地）的方法，以至通過堪輿術觀察天地山川陰陽之氣，亦成為領悟陰陽金丹大道的一途。

易學體系以外的術數與的少數民族的術數

我國術數中，也有不用或不全用易理作為其理論依據的，如楊雄的《太玄》、司馬光的《潛虛》。也有一些占卜法、雜術不屬於《易經》系統，不過對後世影響較少而已。

外來宗教及少數民族中也有不少雖受漢文化影響（如陰陽、五行、二十八宿等學說）但仍自成系統的術數，如古代的西夏、突厥、吐魯番等占卜及星占術，藏族中有多種藏傳佛教占卜術、苯教占卜術、擇吉術、推命術、相術等；北方少數民族有薩滿教占卜術；不少少數民族如水族、白族、布朗族、佤族、彝族、苗族等，皆有占雞（卦）草卜、雞蛋卜等術，納西族的占星術、占卜術，彝族畢摩的推命術、占卜術……等等，都是屬於《易經》體系以外的術數。相對上，外國傳入的術數以及其理論，對我國術數影響更大。

曆法、推步術與外來術數的影響

我國的術數與曆法的關係非常緊密。早期的術數中，很多是利用星宿或星宿組合的位置（如某星在某州或某宮某度）付予某種吉凶意義，并據之以推演，例如歲星（木星）、月將（某月太陽所躔之宮次）等。不過，由於不同的古代曆法推步的誤差及歲差的問題，若干年後，其術數所用之星辰的位置，已與真實星辰的位置不一樣了；此如歲星（木星），早期的曆法及術數以十二年為一周期（以應地支），與木星真實周期十一點八六年，每幾十年便錯一宮。後來術家又設一「太歲」的假想星體來解決，是歲星運行的相反，週期亦剛好是十二年。而術數中的神煞，很多即是根據太歲的位置而定。又如六壬術中的「月將」，原是立春節氣後太陽躔娵訾之次而稱作「登明亥將」，至宋代，因歲差的關係，要到雨水節氣後太陽才躔娵訾之次，當時沈括提出了修正，但明清時六壬術中「月將」仍然沿用宋代沈括修正的起法沒有再修正。

由於以真實星象周期的推步術是非常繁複，而且古代星象推步術本身亦有不少誤差，大多數術數除依曆書保留了太陽（節氣）、太陰（月相）的簡單宮次計算外，漸漸形成根據干支、日月等的各自起例，以起出其他具有不同含義的眾多假想星象及神煞系統。唐宋以後，我國絕大部份術數都主要沿用這一系統，也出現了不少完全脫離真實星象的術數，如《子平術》、《紫微斗數》、《鐵版神數》等。後來就連一些利用真實星辰位置的術數，如《七政四餘術》及選擇法中的《天星選擇》，也已與假想星象及神煞混合而使用了。

隨着古代外國曆（推步）、術數的傳入，如唐代傳入的印度曆法及術數，元代傳入的回回曆等，其中我國占星術便吸收了印度占星術中羅睺星、計都星等而形成四餘星，又通過阿拉伯占星術而吸收了其中來自希臘、巴比倫占星術的黃道十二宮、四元素學說（地、水、火、風），並與我國傳統的二十八宿、五行說、神煞系統並存而形成《七政四餘術》。此外，一些術數中的北斗星名，不用我國傳統的星名：天樞、天璇、天璣、天權、玉衡、開陽、搖光，而是使用來自印度梵文所譯的：貪狼、巨門、祿存、文曲，廉貞、武曲、破軍等，此明顯是受到唐代從印度傳入的曆法及占星術所影響。如星命術的《紫微斗數》及堪輿術的《撼龍經》等文獻中，其星皆用印度譯名。及至清初《時憲曆》，置潤之法則改用西法「定氣」。清代以後的術數，又作過不少的調整。

術數在古代社會及外國的影響

術數在古代社會中一直扮演着一個非常重要的角色，影響層面不單只是某一階層、某一職業、某一年齡的人，而是上自帝王，下至普通百姓，從出生到死亡，不論是生活上的小事如洗髮、出行等，大事如建房、入伙、出兵等，從個人、家族以至國家，從天文、氣象、地理到人事、軍事，從民俗、學術到宗教，都離不開術數的應用。如古代政府的中欽天監（司天監），除了負責天文、曆法、輿地之外，亦精通其他如星占、選擇、堪輿等術數，除在皇室人員及朝庭中應用外，也定期頒行日書、修定術數，使民間對於天文、日曆用事吉凶及使用其他術數時，有所依從。

在古代，我國的漢族術數，甚至影響遍及西夏、突厥、吐蕃、阿拉伯、印度、東南亞諸國、朝鮮、日本、越南等地，其中朝鮮、日本、越南等國，一至到了民國時期，仍然沿用着我國的多種術數。

術數研究

術數在我國古代社會雖然影響深遠，「是傳統中國理念中的一門科學，從傳統的陰陽、五行、九宮、八卦、河圖、洛書等觀念作大自然的研究。……傳統中國的天文學、數學、煉丹術等，要到上世紀中葉始受世界學者肯定。可是，術數還未受到應得的注意。術數在傳統中國科技史、思想史，文化史、社會史，甚至軍事史都有一定的影響。……更進一步了解術數，我們將更能了解中國歷史的全貌。」（何丙郁《術數、天文與醫學 中國科技史的新視野》，香港城市大學中國文化中心。）

可是術數至今一直不受正統學界所重視，加上術家藏秘自珍，又揚言天機不可洩漏，「（術數）乃吾國科學與哲學融貫而成一種學說，數千年來傳衍嬗變，或隱或現，全賴一二有心人為之繼續維繫，賴以不絕，其中確有學術上研究之價值，非徒癡人說夢，荒誕不經之謂也。其所以至今不能在科學中成立一種地位者，實有數困。蓋古代士大夫階級目醫卜星相為九流之學，多恥道之；而發明諸大師又故為惝恍迷離之辭，以待後人探索；間有一二賢者有所發明，亦秘莫如深，既恐洩天地之秘，複恐譏為旁門左道，始終不肯公開研究，成立一有系統說明之書籍，貽之後世。故居今日而欲研究此種學術，實一極困難之事。」（民國徐樂吾《子平真詮評註》，方重審序）

現存的術數古籍，除極少數是唐、宋、元的版本外，絕大多數是明、清兩代的版本。其內容也主要是明、清兩代流行的術數，唐宋以前的術數及其書籍，大部份均已失傳，只能從史料記載、出土文獻、敦煌遺書中稍窺一鱗半爪。

術數版本

坊間術數古籍版本，大多是晚清書坊之翻刻本及民國書賈之重排本，其中豕亥魚魯，或而任意增刪，往往文意全非，以至不能卒讀。現今不論是術數愛好者，還是民俗、史學、社會、文化、版本等學術研究者，要想得一常見術數書籍的善本、原版，已經非常困難，更遑論稿本、鈔本、孤本。在文獻不足及缺乏善本的情況下，要想對術數的源流、理法、及其影響，作全面深入的研究，幾不可能。

有見及此，本叢刊編校小組經多年努力及多方協助，在中國、韓國、日本等地區搜羅了一九四九年以前漢文為主的術數類善本、珍本、鈔本、孤本、稿本、批校本等千餘種，精選出其中最佳版本，以最新數碼技術清理、修復版面，更正明顯的錯訛，部份善本更以原色精印，務求更勝原本，以饗讀者。不過，限於編校小組的水平，版本選擇及考證、文字修正、提要內容等方面，恐有疏漏及舛誤之處，懇請方家不吝指正。

心一堂術數古籍珍本叢刊編校小組

二零零九年七月

《元空法鑑批點本——附法鑑口授訣要》《秘傳玄空三鑑奧義匯鈔》合刊　提要

《元空法鑑》。〔清〕曾懷玉撰，佚名批點。道光十九年（一八三九）刻本，光緒丙戌年（一八八六）埽葉山房以原刻板再刊，收入《陰陽二宅必用》。一冊不分卷。線裝。虛白廬藏本。

《元空法鑑》又見一民國鈔本，底本是光緒丙申（一八九六）龍門李守清的鈔本，李氏當是曾懷玉一脈的再傳弟子。內容除鈔錄木刻本《元空法鑑》外，尚附其門內口授訣要。是次重刊，今特將口授訣要部份，附於《元空法鑑》書末。

《秘傳玄空三鑑奧義匯鈔》，歐陽在田撰，原稿書於民國甲寅（一九一四），此本當是民國年間據民國甲寅稿本之再鈔本。分天、地、人三部。線裝三冊。書端原無提名，今據內文改。

曾懷玉，字輝山，四川灌江（今都江堰）人。生卒年不詳，清乾隆、嘉慶、道光、咸豐年間人。嘉慶七年（一八零二）於湖北，得方外蓮池先生心法，精堪輿。為當時四川中部堪輿名家。（據曾氏門人陳書一跋云：「輝山夫子，振鐸中川」。）道光十九年（一八三九）著《元空法鑑》，後得乾隆年間項木林補註之《蔣徒傳天玉經補註》，並於咸豐元年（一八五一）以不外傳之「蓮池先生心法」口訣，於《蔣徒傳天玉經補註》（收入心一堂術數珍本古籍叢刊・堪輿類・蓮池心法・玄空六法系列，經已出版）上作批記。傳人有羅湘、張復初、陳書一、菴海門等。

曾氏《元空法鑑》，以「雌雄」、「元運」、「金龍」、「挨星」為綱領，解釋堪輿學三元派的法理（玄空）。對清代稍晚的劉傑《地理小補》（同治十三年（一八七四））、高守中《地理冰海》（光緒戊子（一八八八））等頗有影響。當今習「玄空六法」者，亦多亦宗《元空法鑑》。不過此書內容過於簡略，於關鍵處法訣未有公開，眾說紛紜，莫衷一是。是次選印《元空法鑑》之底本是虛白廬藏的批點本。批點者除標點外，又訂正原書的一些卦爻及文字，尤其是在「水口定卦五星圖」中，對關鍵處圈出及加以補充，頗有畫龍點睛之效，批點者當有所本，亦可助讀者對《元空法鑑》的理解。

欲釐清曾氏所傳「蓮池先生心法」之內容，除曾氏公開刊刻之《元空法鑑》外，另外幾種原來秘傳的文獻便可說是開啟「蓮池心法」奧秘之鑰匙：

一、曾氏《元空法鑑》批點本（虛白廬藏本，經已出版），

二、曾氏批記之虛白廬藏本《蔣徒傳天玉經補註》（經已出版），

三、清光緒龍門李守清的鈔本《元空法鑑》中口授訣要部份（見本書），

四、《元空法鑑心法》（清鈔本，虛白廬藏本）（經已出版）

五、「蓮池心法」一脈師弟傳授之秘本《秘傳玄空三鑑奧義匯鈔》（見本書），

虛白廬藏本《蔣徒傳天玉經補註》有曾氏於咸豐元年（一八五一）的批記。其中載錄其師蓮池先生親授的「天玉三大卦直解」、「挨星九星全圖（解）」、「元空大卦圖」（據云包含金丹家及地理〔堪輿〕家的廣大精微之奧旨，也是《青囊序》、《青囊奧語》、《天玉經》、《都天寶照經》的精義）等。其批記的「元空大卦圖」、「地元卦四陰局之圖」、「地元卦四陽局之圖」、「人元卦四陰局之圖」、「人元卦四陽局之圖」、「人元兼天元四正卦圖」、「人元兼天元四隅卦圖」、「天元卦陰四局之圖」、「天元卦陽四局之圖」、「天元兼地元四正卦之圖」、「天元兼地元四隅卦之圖」、「天元兼人元四正卦之圖」、「天元兼人元四隅卦之圖」、「五位相得而向有合解」、「朱子納音方圖（解）」、「五行五音提綱」、「十二律配十二月」、「方圖宮一局起例」、挨星訣數種、「三元圖發旺」等等，以上各圖訣在曾氏公開刊刻的《元空法鑑》並沒有公開，其中部份更說明只傳後人，「切不洩漏天機，慎之慎之」。可見曾氏此批記實甚秘密。曾氏批記書中「經四位說」、「隔八相生說」，及起父母、挨星之訣，又屢引端木國湖《地理元文》之語。故知曾氏除宗蓮池先生之蓮池心法外，亦可能

受清代三元玄空六派的上虞派端木國湖《地理元文》（輯入心一堂術數珍本古籍叢刊，即將出版）之影響。（虛白廬藏本《蔣徒傳天玉經補註》，收入心一堂術數珍本古籍叢刊・堪輿類・蓮池心法・玄空六法系列，經已出版。）

另兩種是清光緒龍門李守清的鈔本《元空法鑑》中口授訣要部份及《元空法鑑心法》（清鈔本，虛白廬藏本）。這兩種鈔本，都是《元空法鑑》曾懷玉一脈內秘傳的鈔本，在傳鈔《元空法鑑》時，都加注了不了訣要內容。其中以《元空法鑑心法》鈔本所加內容較多教雜，其中如書中的〈元空心法〉、〈三般卦六龍配合雌雄交媾下卦挨星總括歌〉、〈金龍水口歌〉、〈起江東江西卦例〉、〈玄空妙旨〉、〈催丁〉、〈陰宅收水法〉、〈天地挨星數學圖〉等，皆是曾懷玉〈蓮池心法〉一脈的不傳之秘口訣。此書又更揭開了蓮池心法一脈師承之謎，據書中所述：「無極子傳蔣平階，平階傳子悠□（？），傳蓮池先生，蓮池傳曾輝山，輝山傳薤海門，傳江晏（號仲三），仲三晏傳王雨高，傳龔渭南，傳王燕清，傳鐘炳坤，傳李仕龍，元空心法於是相傳勿替也。」據蔣大鴻（平階）家譜，蔣氏卒於康熙己巳（一六八九），蔣大鴻有子三：蔣曾策、蔣左箴、蔣思待（據虛白廬藏蔣大鴻家書）。書中提及蔣大鴻子悠□（？），與蔣氏三子名、字俱不同，不知所指那一位，或是傳鈔之誤？曾懷玉在嘉慶七年（一八零二）於湖北得方外蓮池先生心法。此距蔣大鴻仙逝一百一十三年，云曾懷玉師蓮池先生師承蔣大鴻子，從時間上或有可能。

另一種是本書《秘傳玄空三鑑奧義匯鈔》。《秘傳玄空三鑑奧義匯鈔》撰者歐陽烱，字在田。江南江寧（今南京）人。生卒年不詳。清末民國間人。清末官至雲南直隸同知。書中謂其髫齡從祖父學堪輿之道，至寫本書時（民國甲寅（一九一四））已歷四十年，可推論作者歐陽氏寫本書年約五十歲左右，大約生於清同治初年，歷同治、光緒、宣統三朝而卒於民國間。歐陽氏堪輿學主要師承其祖父歐陽壽堂及黃自化，又曾得蕭鳳儀及雷音五指點。傳人有歐陽恕田、歐陽復田、歐陽成田、李芳成等。

本書《秘傳玄空三鑑奧義匯鈔》以曾懷玉《元空法鑑》為宗，書中亦明言：「玄空大法（卦？），蓮池心法。此集中故然申明其法。」故作者歐陽氏堪輿之傳承，當與曾懷玉所傳「蓮池先生心法」有關，或為其一脈相傳。考歐陽氏祖父歐陽壽堂，江南江寧（今南京）人，於四川為官。而歐陽氏另一師黃自化，安徽桐城人，進士出身，出任四川順慶府知府，壽八十八，晚年辭官隱居，鶴髮童顏。可推論歐陽壽堂及黃自化二人約於清代咸豐、同治期間於四川為官，與當時同在四川中部堪輿名家的曾懷玉同時或稍晚，故二人或其中一人很可能是曾懷玉的弟子或再傳弟子，或受曾懷玉所傳「蓮池先生心法」影響。

《秘傳玄空三鑑奧義匯鈔》認為，三元地理玄空之道，主要由法家、日家、形家三部份構成。法家指「理氣」，日家指「選擇（擇日）」，形家指「巒頭（形勢）」。故天部中述法家之奧秘時，即以曾懷玉《玄（元）空法鑑》（清刻本因避清諱，故易「玄」為「元」。）為首。此也何解釋曾氏《玄（元）空法鑑》書名之義，乃是對三元地理玄空「法家」之鑑，明察其要義。《秘傳玄空三鑑奧義匯鈔》在《玄（元）空法鑑》之基礎上，進一步對《法鑑》中的內文加以註釋、增訂、補充，力求包含「蓮池先生心法」中「法家」的精微奧義，俱盡於此書。曾氏《玄（元）空法鑑》原書體例是精約的圖註（述義章云：「采圖必精，集註甚約」）。而歐陽氏《秘傳玄空三鑑奧義匯鈔》中「法家」部份，便是對《玄（元）空法鑑》其中的精約圖註，補充「訣」、「解」，闡釋其奧義及作法。如「秘竅挨星口訣」、「金龍水口解秘訣」等章。可惜此鈔本或為節錄本，只鈔原書之文而未錄《玄（元）空法鑑》之圖，如無《玄（元）空法鑑》原書對讀，則有「訣」、「解」而無「圖」，令人如在五里霧中，難以貫通。內容原文，註釋不分，也礙於閱讀。故知此鈔本當非歐陽氏親自寫贈予其弟子李芳成之原本。

書中天元部，鈔錄《玄（元）空法鑑》之文，又有不少處與原書有出內，或是門內對刊本的訂正。如刻本《元空法鑑》：「蔣氏不重挨星，而《天玉》謂『挨星惟最貴』」。而本書：「蔣氏既得挨星，而《天玉》謂『挨星惟最貴』」。如此種種，本書多處，或是其門內之口訣，可校刻本《元空法鑑》。

書中又提出：「流年之九星，不在挨星之數也……學者尚要分別清楚」。這也跟現時一般三元玄空及玄空六法對挨星的詮釋不同，讀者宜注意。此外書中尚有「三元奥妙黃公訣」、「金龍水口解秘訣」等「蓮池心法」秘訣。作者反覆申明，此秘鈔本不可外傳：「非忠孝廉節之人，切不可傳此三卷秘密，法家形家日家，盡於此也。」「法家、日家、形家，三元地學奥義，地學三卷秘密口訣，三家之玄妙盡矣」。

以上五種極珍貴的三元玄空蓮池心法文獻，原一直是門內秘本絕不外傳，今將之一幷公開若，能持之對讀，當有會心，可以窺知蓮池心法的真傳奥秘，對破譯玄空六法的秘密也有很大幫助。

為令此稀見蓮池心法《元空法鑑》批點本及二種鈔本不致湮沒，特以最新數碼技術清理、修復版面，精印出版，一以作三元玄空法訣資料保存，一以供同道中人參考研究及收藏。

元空法鑑叙

陰陽術數之學儒者不屑道天根月窟之理知者不肯言是二者皆過也烏足以見聖賢之心而大天地之量哉上古聖人仰觀天文俯察地理制爲成憲以利用前民其說散見於詩書而精微之蘊則於易發之易曰天垂象見吉凶聖人則之河出圖洛出書聖人則之作太極序八卦明闔闢判柔剛理氣象數四德咸備而循慮人之昧於用也顯揭之曰震一索而得男謂之長男巽一索而得女謂之長女知用矣而不知權則用不精又顯揭之曰叅伍以變錯綜其數言用矣不可遺體又顯揭之曰一陰一陽之謂道聖

人於地理可謂詳哉言之矣旣自聖學失傳方外之流竊其緒餘以爲修煉之訣魏伯陽作參同契敷衍其詞以明仙佛宗旨晉郭楊曾師其意以藝名於時則道也而流於術矣迨其後以訛傳訛宵小之輩居爲奇貨藉口於天珍地秘非人不傳此其心不獨爲利也且又爲名觀其著書立說大都吞吐含糊貌爲艱深使人莫測於是僞書雜出大道昏於長夜而天下受其害者慘於洪水矣同事灌江輝山先生疾僞術之亂真憫斯人之昏墊手集元空法鑑一書發明三卦之宗旨指點二卦之精微而一卦之妙用和盤托出不獨卦例諸書得此可知其非即三卦耶說得此可証其僞

誠辨正後不可少之書也同道諸君子推廣錫類之仁捐貲付梓
行俾是編一出楊公正學復大明於世賢豪英俊接踵而生爲
天子輔翼休明扶持景運以綿福祚於無疆此忠孝之大端也法鑑
之功豈不偉哉

宕渠愚弟楊蔚起拜撰

元空法鑑敘

天生神物其名曰易身色無恒日十二變聖人設卦觀象取以名經尚其變也然則世之談地理而托名於易者多矣其知變乎曰否知變化之道者惟元空元空行陰陽之氣者也元則未嘗不空則未嘗不元元空固隨時隨地而變者也知隨時隨地而變之元空則隨時隨地可捉元空矣而世之俗術乃執大小之說以求之妄也執納甲洪範卦例甫星四經三合以求之愈妄也豈知變動不居周流六虛元有活法空有活機太極動而生陽靜而生陰陰陽交而生旺集所謂元之一而神者無非空之兩而化也

江源輝山夫子得先天之學於蓮池參以當代名師手集法鑑一書明元空之出於易者最精最微亦最確夫子其神於坎離乎夫上經首乾坤而終以坎離天地一水火也下經首咸恒而終以既濟未濟山澤風雷一水火也揔之一六四九二七三八以中五乘三元之氣定其前後左右有山收山有水收水則審運辨象定卦分星顛倒挨排不出元空中也世世之仁人孝子誠精而求之則知地理即知易道知易道即知天道乃可以盡人道天道也地道也人道也一以貫之湘竊有望於世之讀是書者

門生羅　湘拜撰

元空法鑑敘

元空大法不明於世久矣讀蔣氏辨正書含糊隱約不愜於心竊慮其悞人而奸詐之徒因而托之以射利而惑世也乃舉生平所傳於師所得於友者摘其切要數條以著於世題曰元空法鑑欲人之易知也一切幽深元渺之說不存焉欲人之易能也一切迂廻曲折之法無取焉世之仁人孝子欲安其親而庇其根者庶幾有所考鏡而不爲俗書之所悞俗術之所惑也哉

道光十九年首夏灌江曾懷玉紀略

題詞　　赤城山栖霞子

元空心法惟些子莫向羣書枉問津悟得先天真妙訣乾坤六子一家春

乾遇巽時為月窟地逢雷起見天根天根月窟閒來往三十六宮都是春

題詞 三首錄一　　受業南海張復初

青囊秘旨是元空三卦排來對不同正運到山龍入相零神得位水成功翻天倒地乾坤小轉斗移星造化工始信先生參贊業分明都在一圖中

述義

元空秘法非經師傳難憑心悟壬戌比上舟次於荆門蓮池先生授以先天之學始通其義故此集以蓮池心法爲主兼采當代名師秘傳合爲一編雖披肝露胆天機未免漏洩太盡然使此道昌明於世而有益於人雖違大戒又何恤焉

此集分爲四大綱領一雌雄一元運一金龍一挨星采圖必精集註甚約不敢一字杜撰以悮人

楊公養老看雌雄曾序首句已說盡諸經道理其訣只在交姤處生出妙用來易緯云易一名而含三義元空即變易之理然錯綜

其數孔子已先言之矣而世儒抵死不悟何哉

元空大法全以元運爲主雌雄以此看金龍以此認血脉來龍以此審下卦挨星以此定五德之運當王者貴易所稱與時偕行者非六龍乎地理之道孰大於是

曾序首揭金龍經曰認金龍一經一緯義不窮此即元陽之氣也而不得泛言陽氣者以其從先天乾卦而來故尊之曰金龍其動大者全卦純乾則大用之其動小者一陽來復則小用之是下手第一着工夫

地理得失决於定卦金龍水口即定卦之標準世傳蔣氏四十八

句尚非真術寶照云城門一訣始爲良可知定卦必以金龍水口爲主矣

蔣氏不重挨星而天玉謂挨星惟最貴與語寶照言挨星者甚詳蓮池心法有龍上九星水上九星此集圖中九星有二一以先天爲主一以後天爲用各極其妙不可混看

元空大法不過定卦挨星而事人知定卦乃用挨星而不知挨星以定卦蓋挨星於定卦之後所以察水而挨星於定卦之前所以辨然察水人知之辨然則知者僅矣故有挨星不甚重之說且有駁挨星而不用者全不知挨星者也

元空最重者用一卦法蓮池心法龍穴砂水向歸於一路謂之不出卦此卦非後天方位之卦亦非先天八卦之卦乃從先天化出如甲癸申巽爲壁卦所謂先天卦炁也歷來仙師相傳羅經無紅黒字一盤以陰陽妙用不可以方位定也自范宜賓造設紅黒字每一宫分出天地人三卦學者易於入門然此處已悮入不少不知范盤紅黒字乃後天卦位認此爲不出卦謬不止千里也此作用中第一件大事特爲揭出

地學以形勢爲體理氣爲用二者不可偏廢形勢俗書汗牛充棟不可入目學者總宜以楊公九星爲主疑龍撼龍二書寇海門先

生已刻於榮昌矣金繩覺路其功不小茲不復贅
蔣氏作辨正有功於楊公然不肯直揭本原使讀者猜想於疑似
彷彿之間按圖索驥指鹿為馬悞盡天下聰明才子非徒自悞且
又悞人則自有辨正以來其禍於斯世可勝言哉
世上求衣食之輩多托名於蔣氏其敢於大言欺世者實因蔣註
無有明文因得以飾知而行舛踳傲其形凶險其性世家大族不
辨真偽事之如父母尊之如神明不惜財帛不顧屈辱使置先人
於泉蟻之鄉不數年而敗亡立至吾見亦多矣此輩真是可殺然
即殺之無救於禍惟有痛哭而已此法鑑所由作也豈得已哉

讀書宜分別真僞秦漢以上古書（如葬書青囊言之類）多後人僞造姑不具論晉唐而下形勢僞書不能枚舉凡論巒頭而雜入五行生尅者（如赤霆經之類）皆僞之尤者也理氣僞書不能枚舉凡執方位而定陰陽夫婦者（卦例三合之類）皆僞之尤者也大約形勢理氣方位三者宜分別清楚三者混淆即是僞書蓮池先生云山川之星體本於斗車（此形勢之真者）善用先天者不用先天善用後天者不用後天（此理氣之真者）知此則真書可識而僞書自見矣

元空法鑑目錄

九 取坎填離圖

十 金龍四大水口圖

十一 八大金龍水口全圖

十二 水口定卦五星圖

十三 九星大五行圖

十四 挨星大交媾圖

十五 九宮九星圖

十六 中五立極圖

十七 排父母總圖

元空圖 蓮池心決

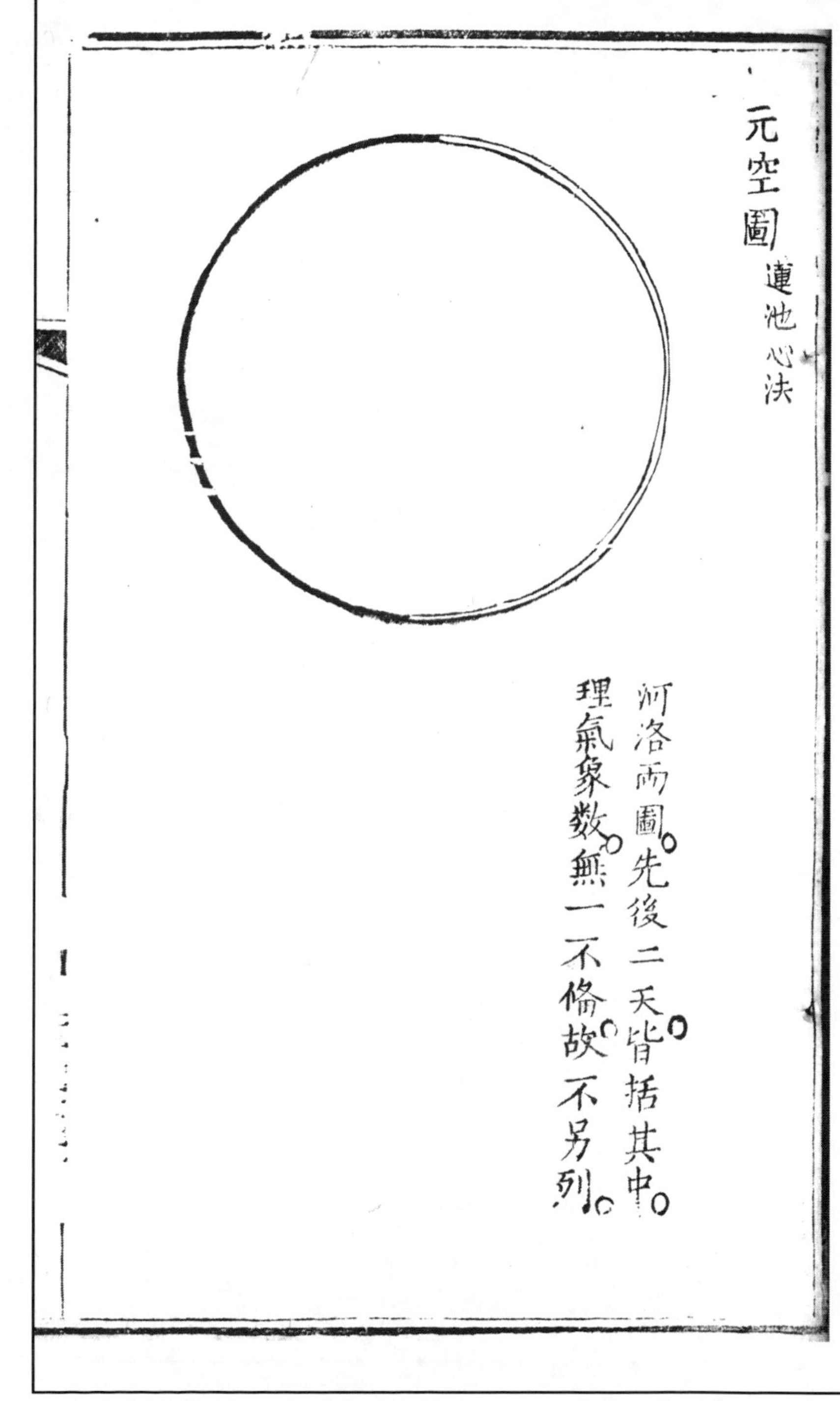

河洛兩圖。先後二天。皆括其中。理氣象數。無一不備。故不另列。

易之為書也冠六經而元空之圖傳於方外傳者罕能通其義竊嘗擬之於太極而太極不足以盡之盡太極明其理而元空則致其用也顛倒乾坤轉移星斗以先天明理氣而不用先天以後天正方位而不用後天在丹家取坎填離金木合併以之成真不難況地學乎哉此所以變動不居而精義入神不可思議也故曰元空

楊公雌雄圖

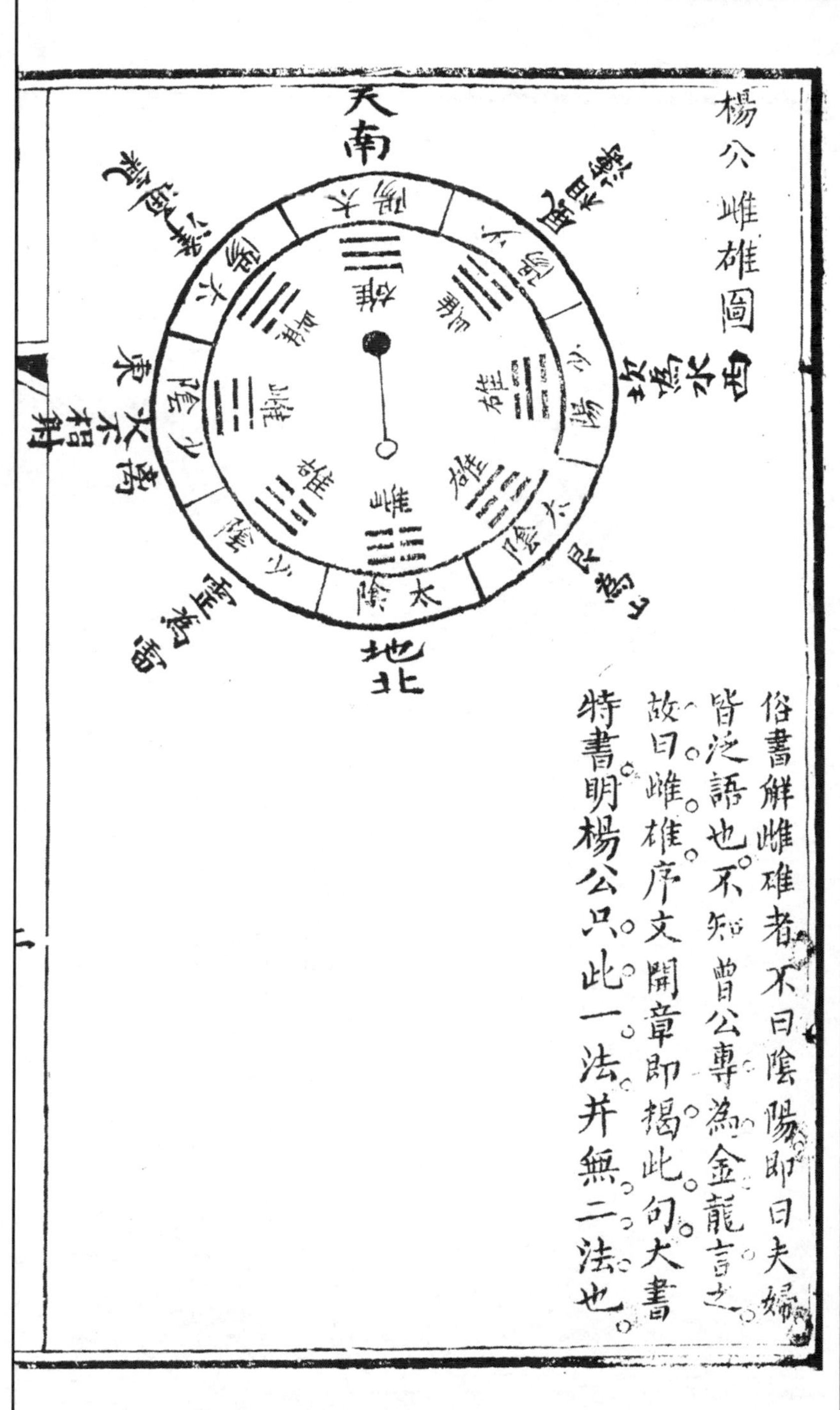

俗書解雌雄者。不曰陰陽。即曰夫婦。皆泛語也。不知曾公專為金龍言之。故曰雌雄。序文開章即揭此句。大書特書。明楊公只此一法。并無二法也。

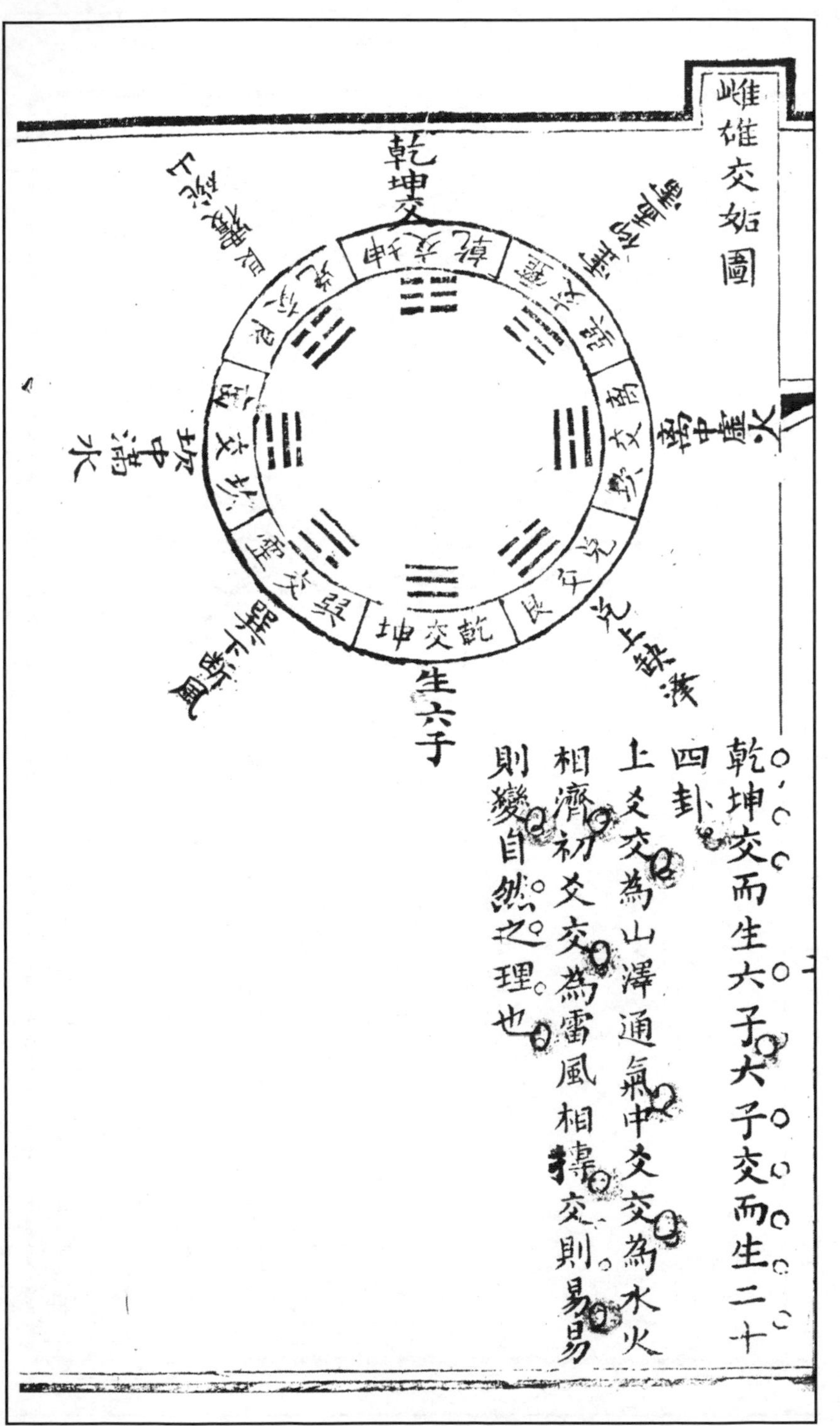

乾坤交而生六子，六子交而生二十四卦。上爻交為山澤通氣，中爻交為水火相濟，初爻交為雷風相薄，交則易，易則變，自然之理也。

雌雄交媾生男女配九星圖

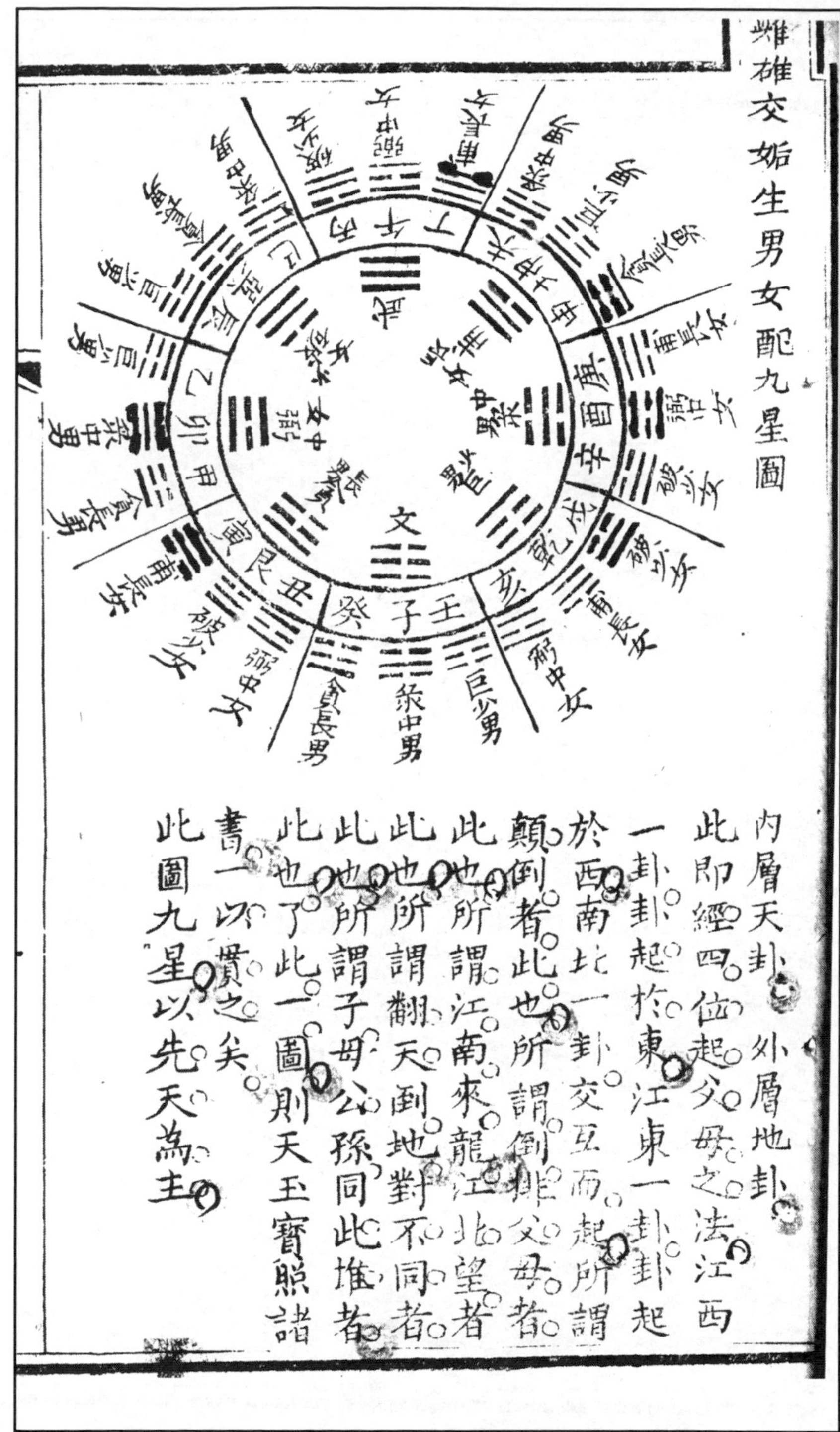

內層天卦，外層地卦，此即經四位起父母之法。江西一卦，卦起於東，江東一卦，卦起於西，南北一卦交互而起，所謂顛倒者此也，所謂倒排父母者此也，所謂江南來龍江北望者此也，所謂翻天倒地對不同者此也，所謂子母公孫同此推者此也。了此一圖，則天玉寶照諸書一以貫之矣。

此圖九星以先天為主。

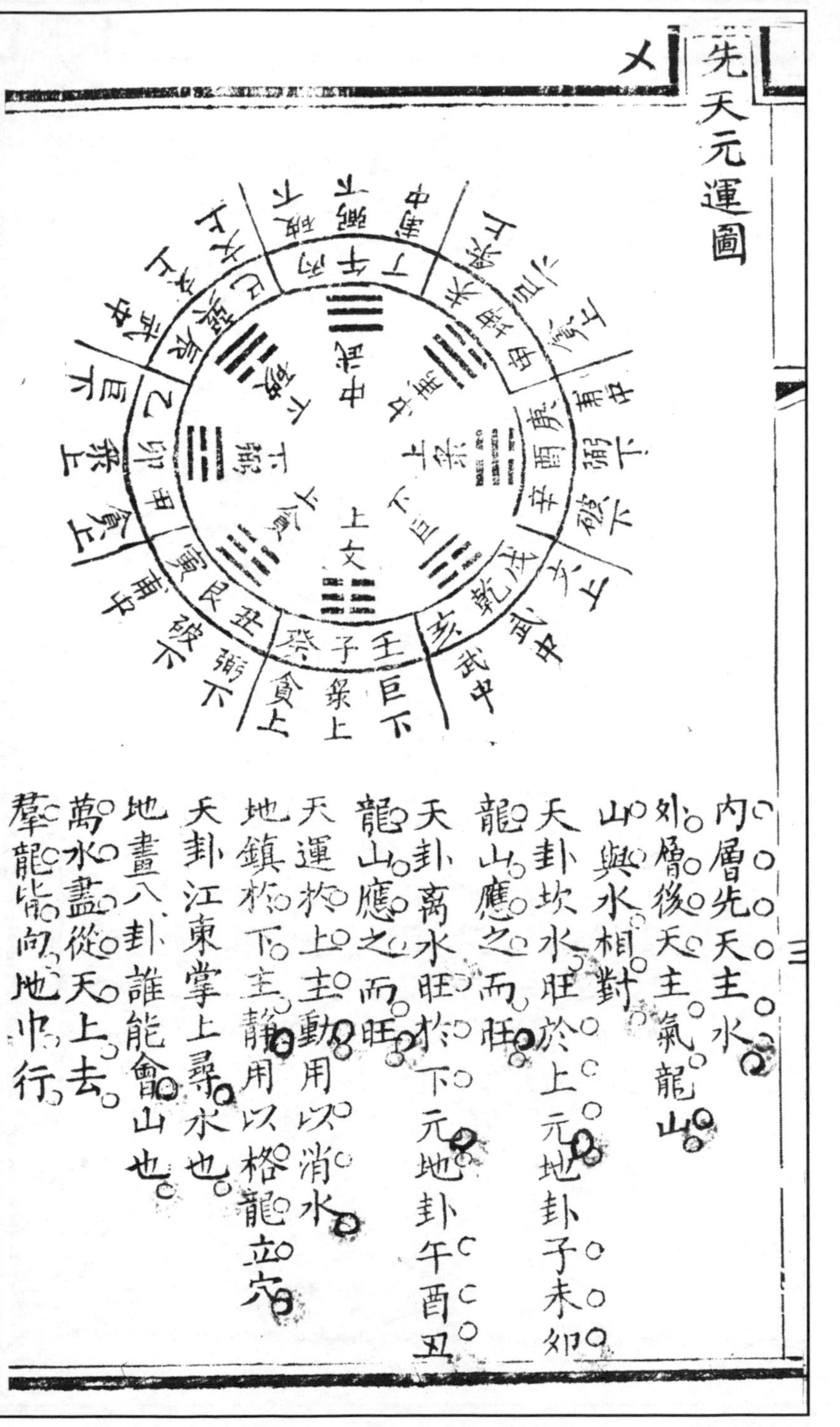
メ

先天元運圖

內層先天主水。外層後天主氣龍山。山與水相對。天卦坎水旺於上元。地卦子未卯。龍山應之而旺。天卦离水旺於下元。地卦午酉丑。龍山應之而旺。天運於上主動用以消水。地鎮於下主靜用以格龍立穴。天卦江東掌上尋水也。地畫八卦誰能會山也。萬水盡從天上去。羣龍皆向地中行。

八卦變易圖

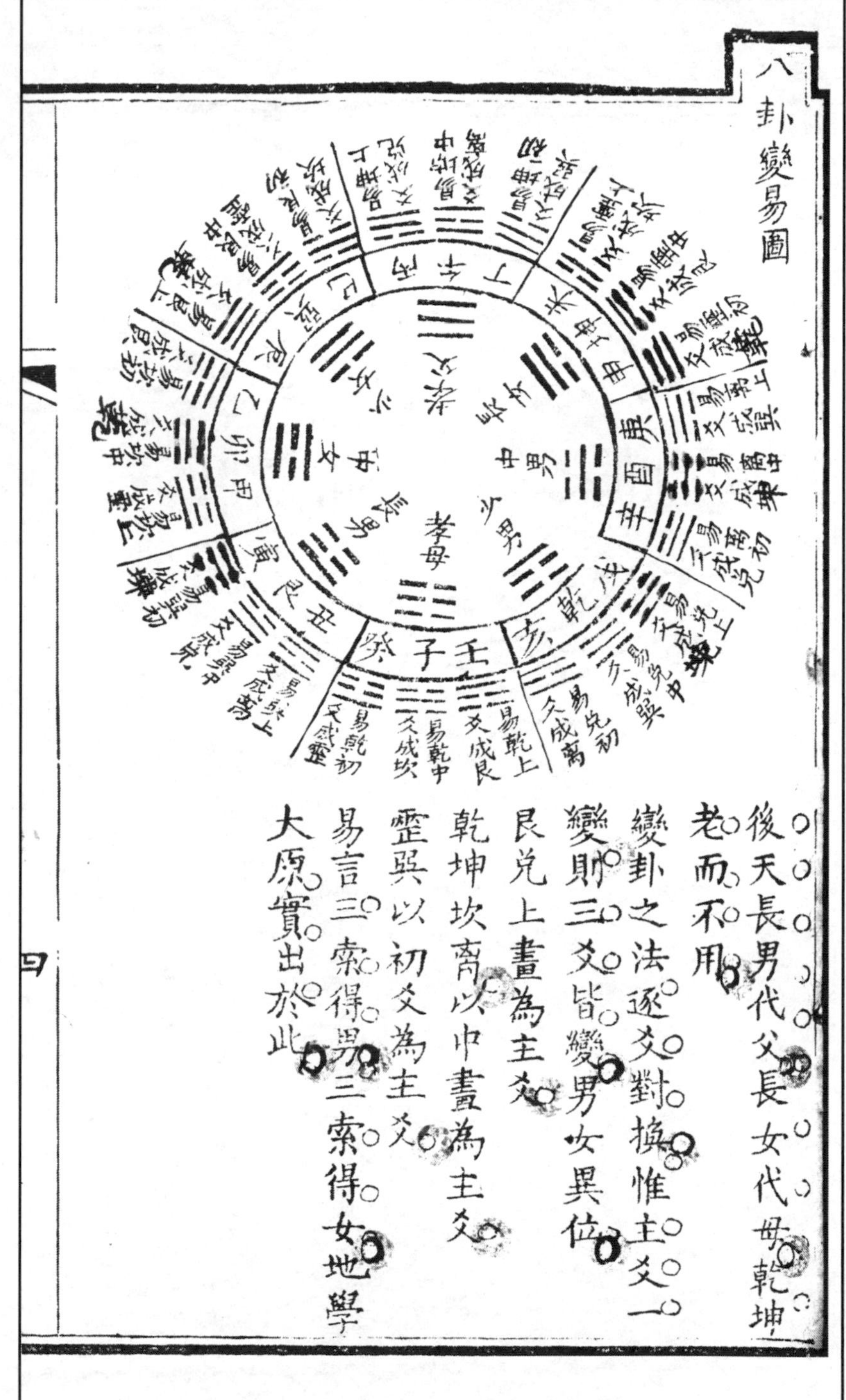

後天長男代父長女代母乾坤
老而不用
變卦之法逐爻對換惟主爻一
變則三爻皆變男女異位
艮兌上畫為主爻
乾坤坎离以中畫為主爻
震巽以初爻為主爻
易言三索得男三索得女地學
大原實出於此

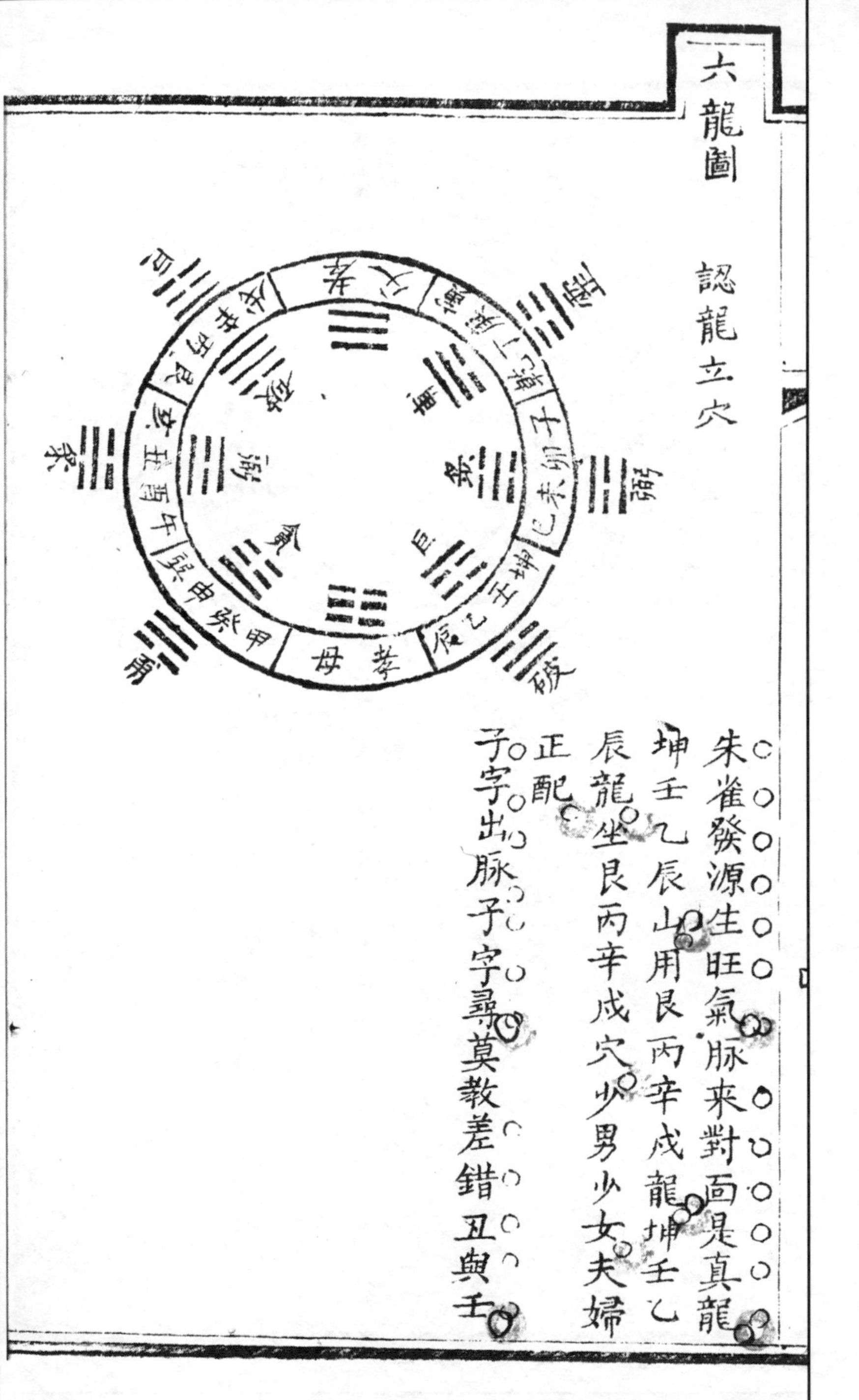
六龍圖
認龍立穴
朱雀發源生旺氣脉來對面是真龍
坤壬乙辰山用艮丙辛戌龍坤壬乙
辰龍坐艮丙辛戌穴少男少女夫婦
正配
子字出脉子字尋莫教差錯丑與壬

三般卦揑訣

甲癸申巽（震）☳ 配寅丁庚乾（巽）☴

子卯未巳（坎）☵ 配午酉丑亥（離）☲

坤壬乙辰（艮）☶ 配艮丙辛戌（兌）☱

三卦體用俱該括其中看雌雄以此認金龍審血脉以此一切

下卦挨星無不以此此圖可謂簡而揑第一掌訣也

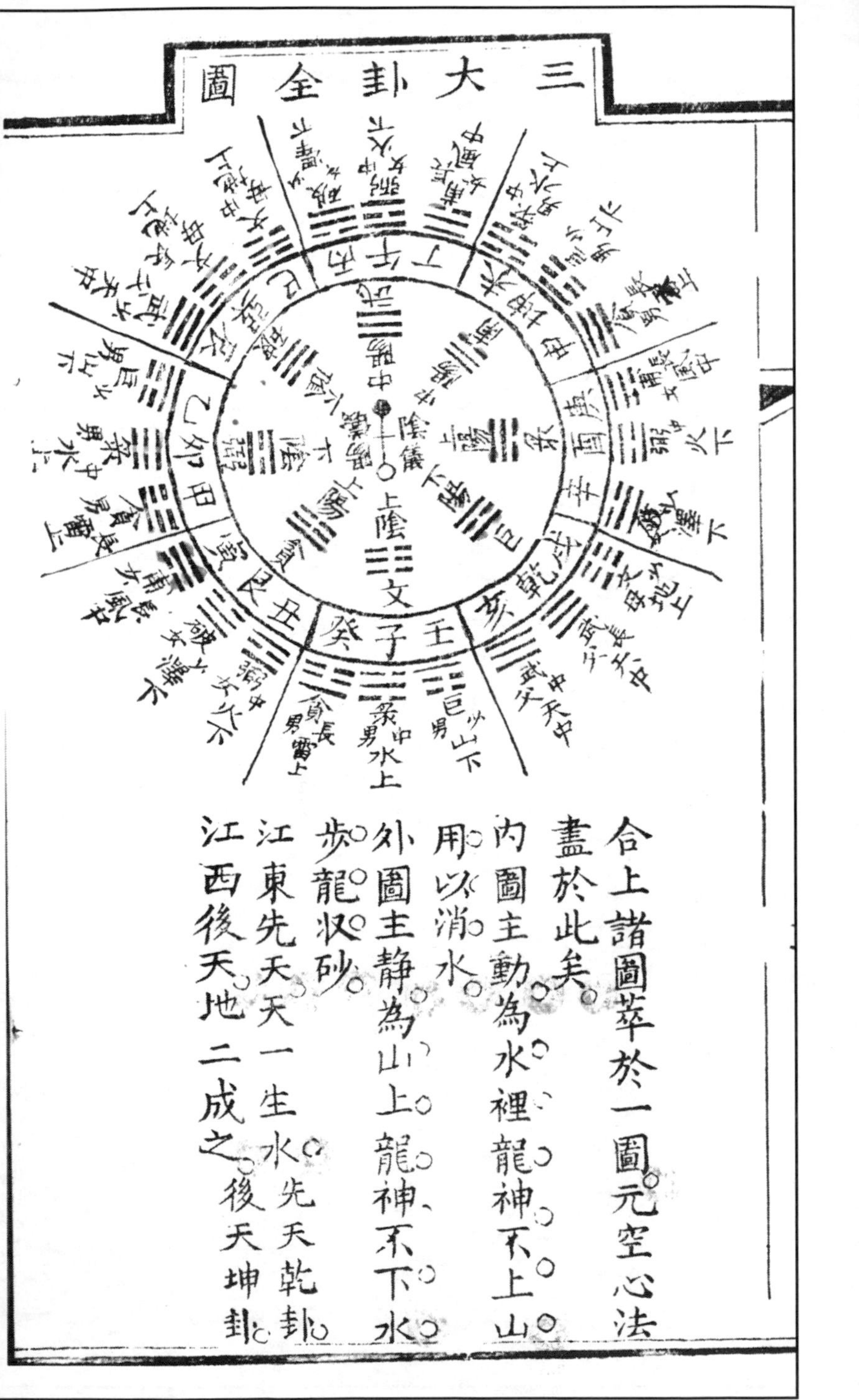

合上諸圖萃於一圖。元空心法盡於此矣。內圖主動。為水裡龍神。不上山。用以消水。外圖主靜。為山上龍神。不下水。步龍收砂。江東先天。天一生水。先天乾卦。江西後天。地二成之。後天坤卦。

取坎填離圖

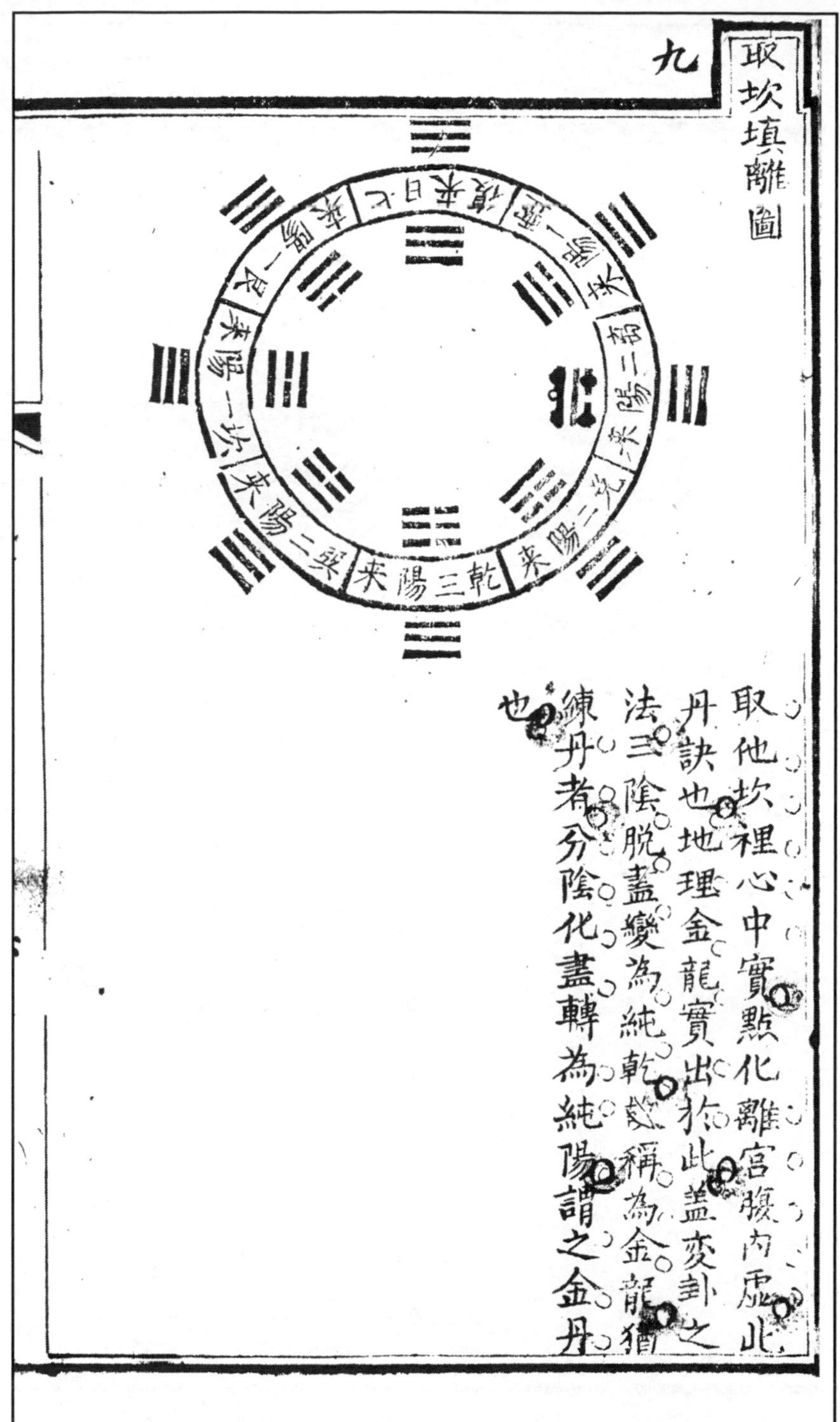

取他坎裡心中實點化離宮腹內虛此丹訣也地理金龍實出於此盖変卦之法三陰脫盡變為純乾故稱為金龍猶練丹者分陰化盡轉為純陽謂之金丹也

金龍水口總圖

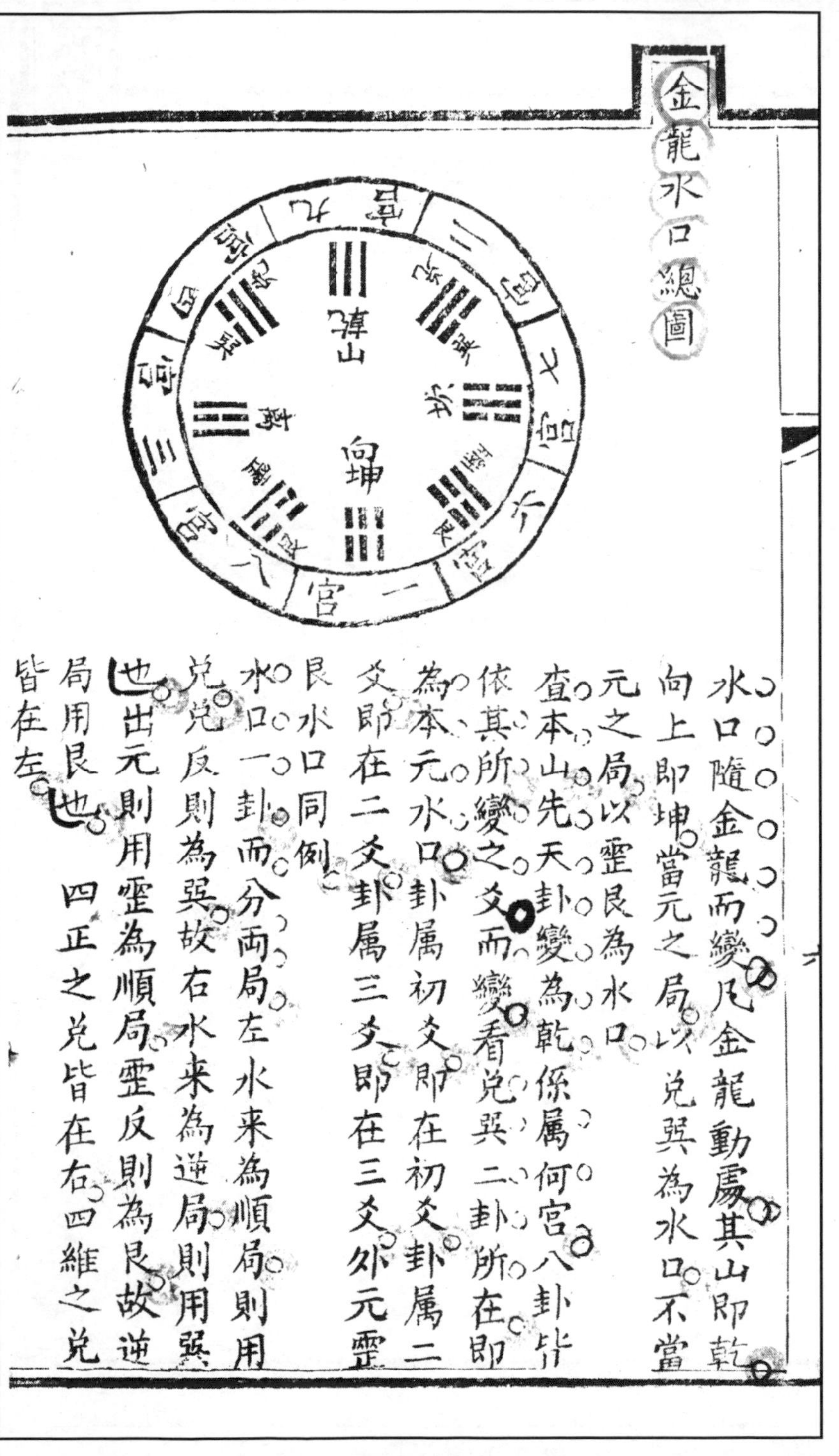

水口隨金龍而變凡金龍動處其山即乾向上即坤當元之局以兑巽為水口不當元之局以壬艮為水口查本山先天卦變為乾係屬何宮八卦皆依其所變之爻而變看兑巽二卦所在即為本元水口卦屬初爻即在初爻卦屬二爻即在二爻卦屬三爻即在三爻外元壬艮水口同例水口一卦而分兩局左水来為順局則用兑兑反則為巽故右水来為逆局則用巽也出元則用壬為順局壬反則為艮故逆局用艮也　四正之兑皆在右四維之兑皆在左

先卜一宮金龍水口

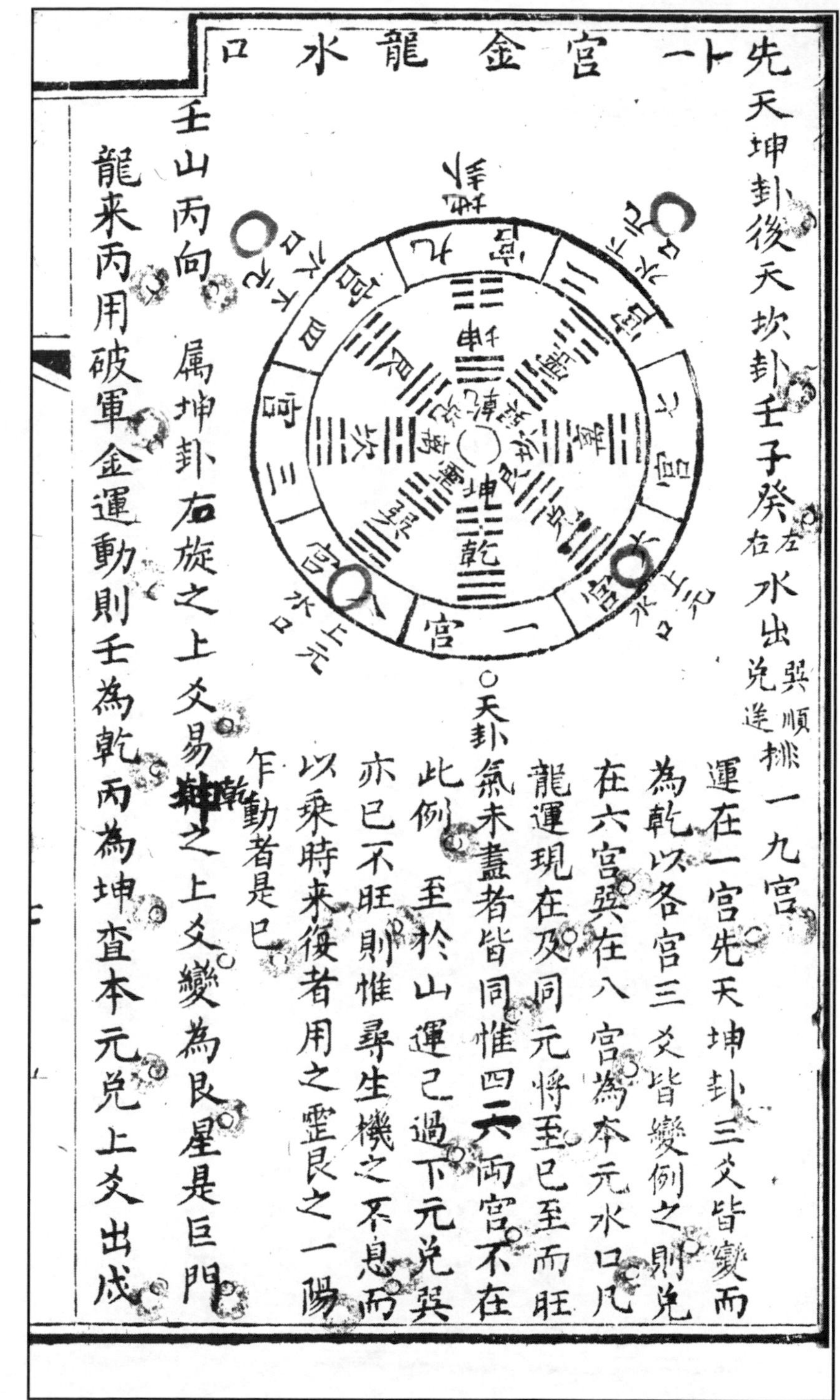

先天坤卦後天坎卦壬子癸左右水出巽兑順逆排一九宮

運在一宮先天坤卦三爻皆變而為乾以各宮三爻皆變例之則兑在六宮巽在八宮為本元水口凡龍運現在及同元將至已至而旺○天卦氣未盡者皆同惟四六兩宮不在此例　至於山運已過下元兑巽亦已不旺則惟尋生機之不息而以乘時來後者用之霊艮之一陽作動者是已

壬山丙向　屬坤卦右旋之上爻易乾坤之上爻變為艮星是巨門

龍来丙用破軍金運動則壬為乾丙為坤查本元兑上爻出戌

巽上爻出丑為本元水口艮出辰亞出未為外元水口
子山午向　屬坤中爻易坤乾中爻變為坎星是祿存龍来午用右
弼金運動則子為乾午為坤査本元兑出乾巽出艮為正水口
艮出巽亞出坤為下元水口
癸山丁向　屬坤左旋之初爻易坤乾初爻變為亞星是貪狼龍来
丁用左甫金運動則癸即乾丁即坤査本元兑之初爻在亥巽
之初交在寅為正水口艮出巳亞出申為外元水口

卜二宮金龍水口

先天巽卦後天坤卦未坤申 右左 水出兌 巽逆順 排二八宮

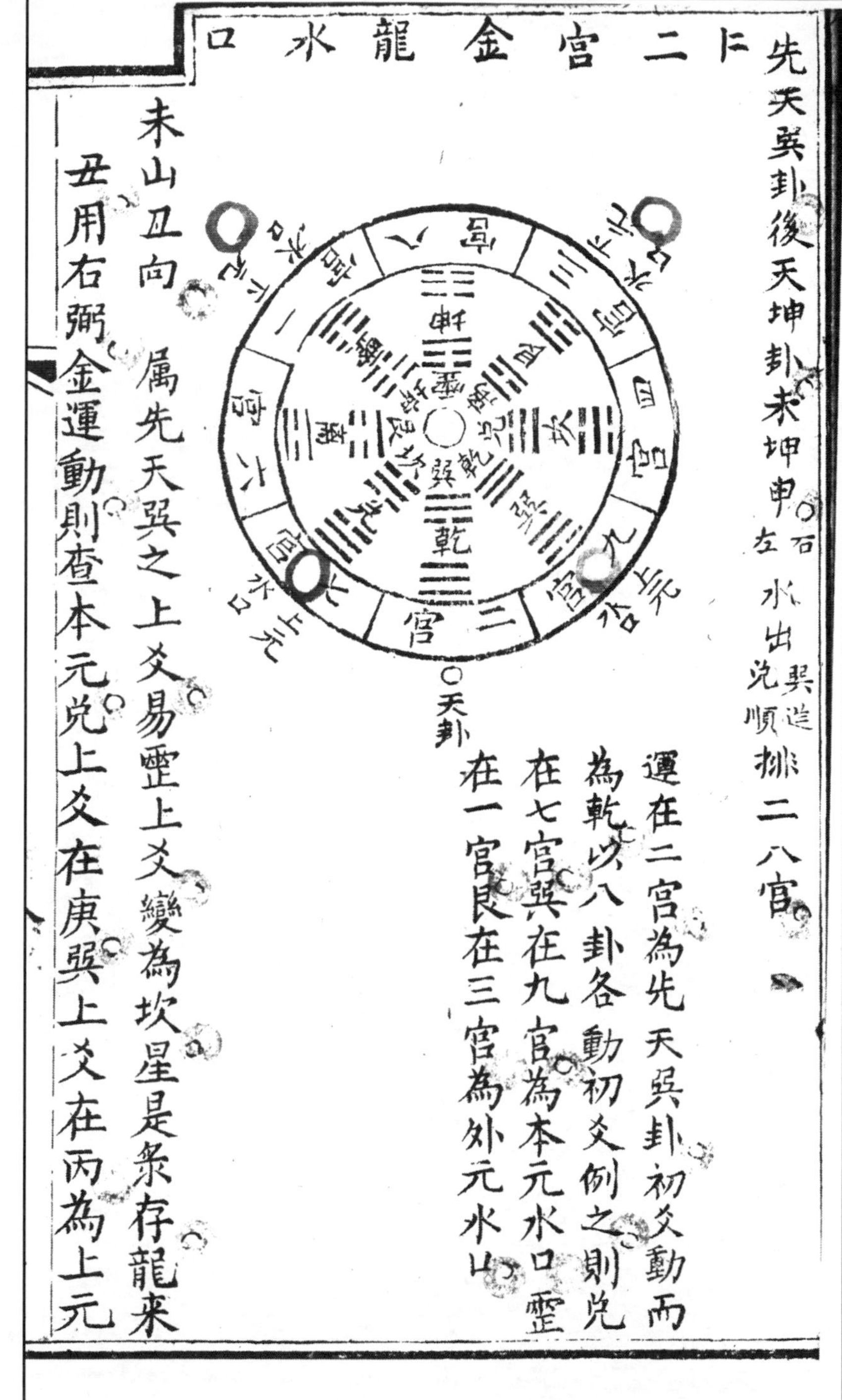

運在二宮為先天巽卦初爻動丙為乾以八卦各動初爻例之則兌在七宮巽在九宮為本元水口震在一宮艮在三宮為外元水山

未山丑向　屬先天巽之上爻易震上爻變為坎星是衆存龍来丑用右弼金運動則查本元兌上爻在庚巽上爻在丙為上元

水口霊上爻在壬艮上爻在甲為外元水口　甲庚丙壬四水俱全三元不敗

坤山艮向　先天巽之中爻易霊之中爻變為艮星是巨門龍來艮用破軍金龍動則查本元兌中爻在酉巽中爻在午為本元水口霊中爻在子艮中爻在卯為下元水口　子午卯酉四水俱全三元不敗

申山寅向　先天巽之初爻易霊之初爻變為乾星是貪狼龍來寅用左甫金龍動則查本元兌初爻在辛巽初爻在丁為本元水口霊初爻在癸艮初爻在乙為外元水口　乙辛丁癸皆全三元不敗

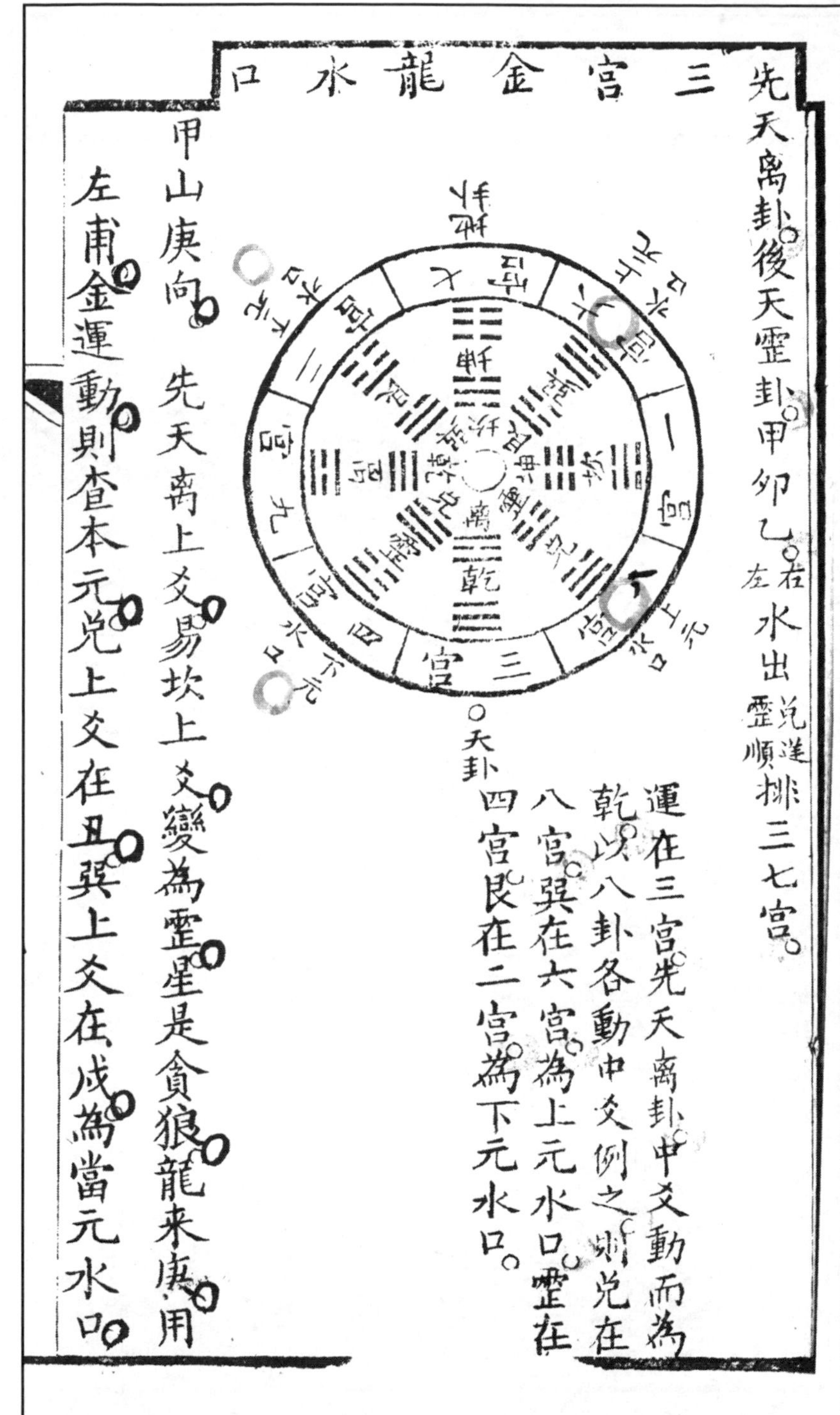

先天三宮金龍水口

先天离卦後天巽卦甲卯乙。右水出兑逆左水出巽順排三七宮。

運在三宮先天离卦中爻動而為乾。以八卦各動中爻例之。則兑在八宮巽在六宮為上元水口。震在四宮艮在二宮為下元水口。

甲山庚向。先天离上爻易坎上爻變為震星。是貪狼龍来庚用。

左甫金運動。則查本元兑上爻在丑。巽上爻在戌。為當元水口。

震上爻在辰。艮上爻在未。為外元水口。　辰戌丑未水皆金。為
四庫齊開。三元不敗。
卯山酉向。　先天离中爻。易坎中爻。變為乾。星是祿存。龍來酉。用
右弼。金龍動。則查本元兌之中爻在艮。為上元正水口。艮之中
爻在坤。為外元正水口。巽變出戌。震變出辰。坎离中爻均無震
巽中爻正出之水口。
乙山辛向。　先天离初爻易坎初爻。變為艮。星是巨門。龍來辛。用
破軍。金龍動。則查本元兌初爻在寅。艮初爻在申。為正水口。
巽初爻出亥。震初爻出巳。　巽變出戌。　震變出辰。

先四宮金龍水口

先天兑卦後天巽卦辰巽巳右左水出兑霊進順排四六宮

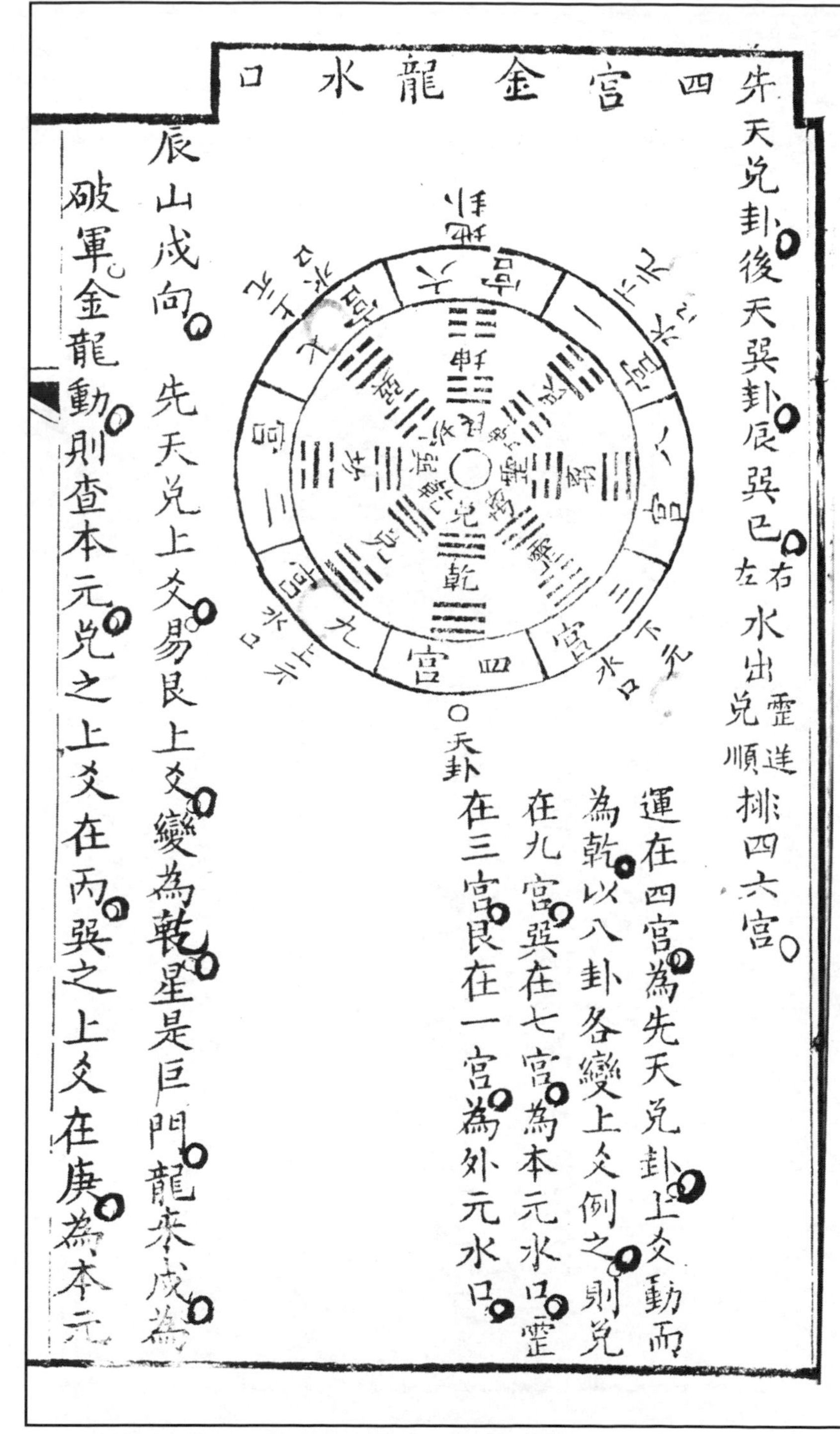

運在四宮為先天兑卦上爻動而為乾以八卦各變上爻例之則兑在九宮巽在七宮為本元水口霊天卦在三宮艮在一宮為外元水口

辰山戌向

先天兑上爻易艮上爻變為乾星是巨門龍來戌為破軍金龍動則查本元兑之上爻在丙巽之上爻在庚為本元

水口。雷上爻在甲。艮上爻在壬。為外元水口。

巽山乾向。　先天兑中爻。易艮中爻。變為雷星。是貪狼。龍來乾。為左甫。金龍動。則查本元。兑之中爻在午。艮之中爻在子。為本元水口。雷借乙。巽借辛。為水口。

巳山亥向。　先天兑之初爻。易艮初爻。變為坎星。是祿存。龍自亥。來。為右弼。金龍動。則查兑初爻在丁。巽初爻在辛。為本元水口。雷初爻在乙。艮初爻在癸。為外元水口。

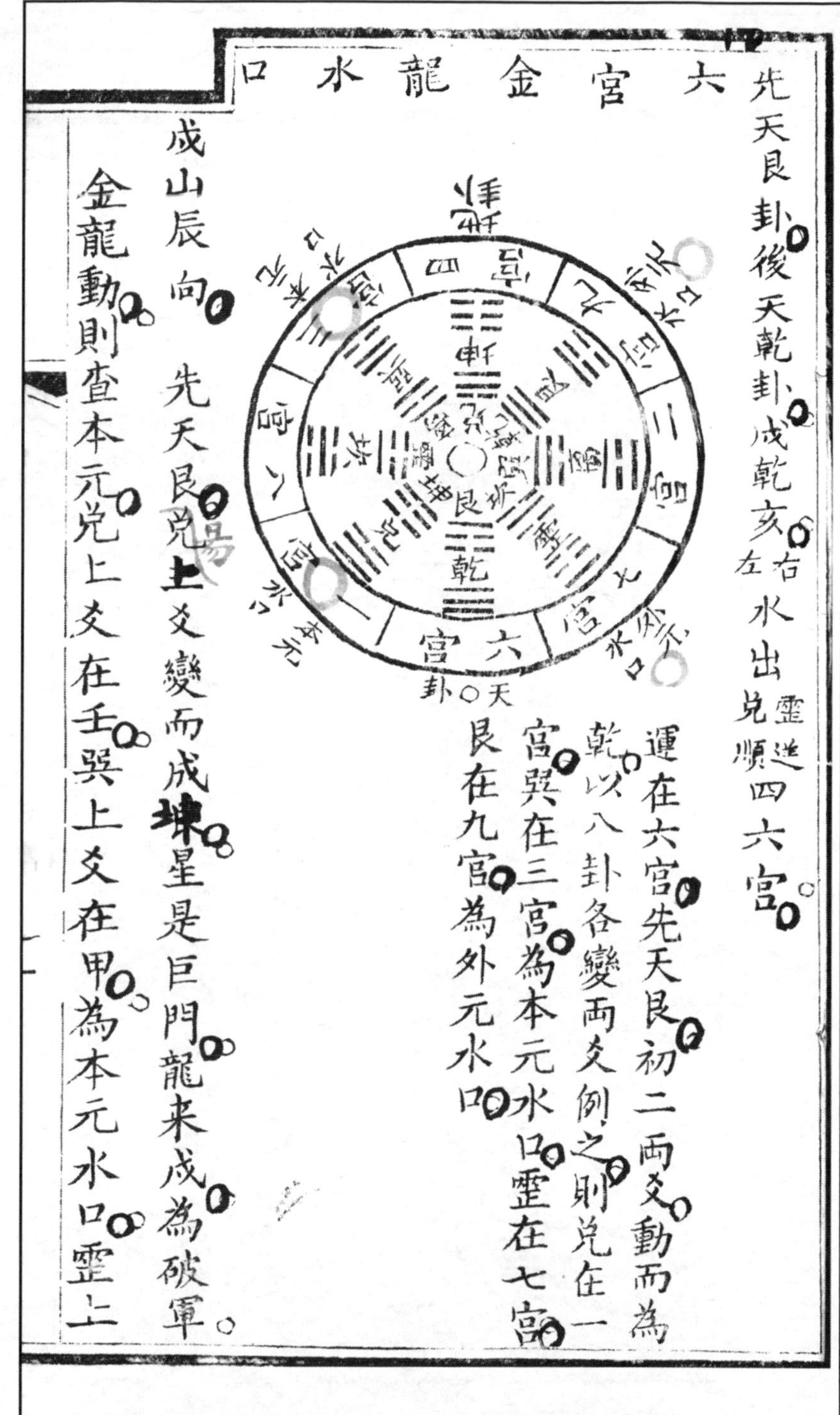

六宮金龍水口

先天艮卦後天乾卦成乾亥右左水出霊進兑順四六宮

運在六宮先天艮初二兩爻動而為乾以八卦各變兩爻例之則兑在一宮巽在三宮為本元水口霊在七宮艮在九宮為外元水口

戌山辰向　先天艮兑上爻變而成坤星是巨門龍来戌為破軍

金龍動則查本元兑上爻在壬巽上爻在甲為本元水口霊上

爻在庚艮上爻在丙為外元水口

乾山巽向　先天艮兌中爻變而成巽星是左輔龍来霊用貪狼

金龍動則查本元兌中爻在子巽中爻在卯為本元水口艮在

午霊在酉為外元水口

亥山巳向　先天艮兌初爻變而成離星是右弼龍来坎用祿存

金龍動則查本元兌初爻在癸巽初爻在乙為本元水口艮在

丁霊在辛為外元水口

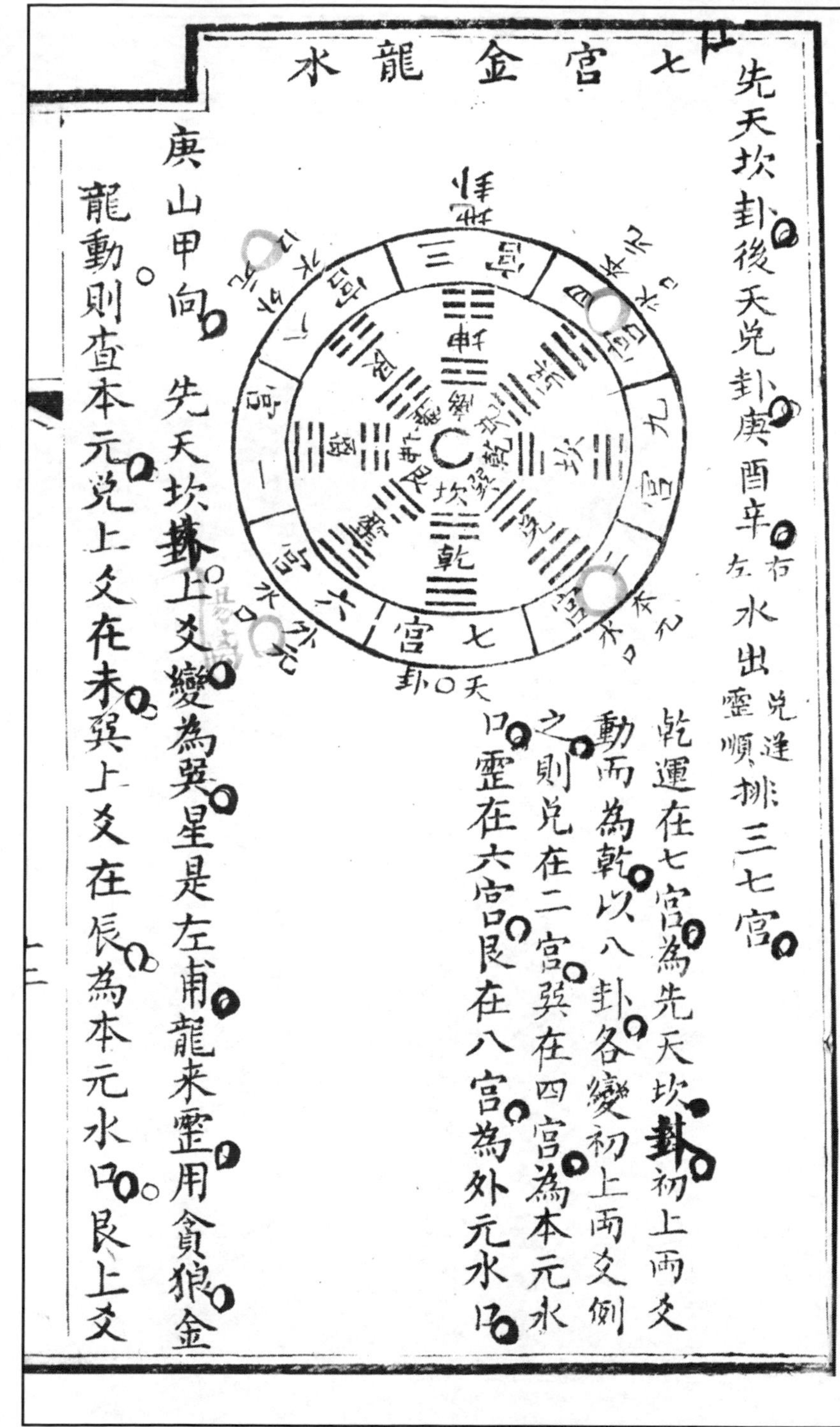

先天坎卦後天兑卦庚酉辛右左水出兑逢霻順排三七宮

乾運在七宮為先天坎卦初上兩爻動而為乾以八卦各變初上兩爻倒之則兑在二宮巽在四宮為本元水口霻在六宮艮在八宮為外元水口

七宮金龍水

庚山甲向

先天坎卦上爻變為巽星是左甫龍來霻用貪狼金

龍動則查本元兑上爻在未巽上爻在辰為本元水口艮上爻

在丑霊上爻在戌為外元水口

酉山卯向　先天坎離中爻變為坤星是右弼龍來坎為彔存金

龍動則查本元兌中爻在坤巽借辰為本元水口艮在艮霊借

戌為外元水口

辛山乙向　先天坎離初爻變為兌星是破軍龍來艮為巨門金

龍動則查本元兌初爻在申巽初爻在巳為本元水口霊初爻

在亥艮初爻在寅為外元水口

八宮金龍水口

先天璽卦後天艮卦丑艮寅右水出巽逆排 左水出兌順排 二八宮

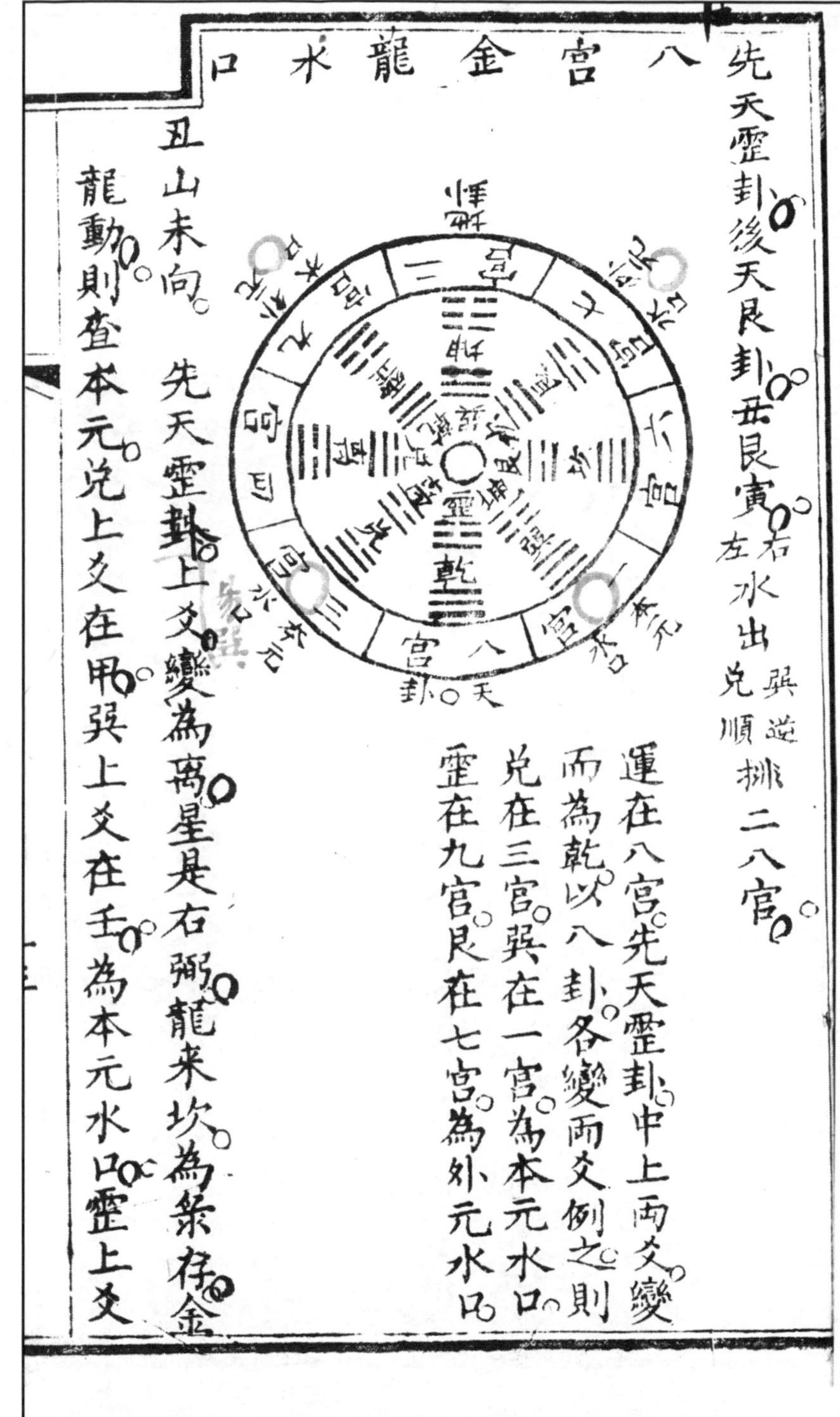

運在八宮先天璽卦中上兩爻變而為乾以八卦各變兩爻例之則兌在三宮巽在一宮為本元水口璽在九宮艮在七宮為外元水口

丑山未向

先天璽卦上爻變為離星是右弼龍來坎為祭存金

龍動則查本元兌上爻在甲巽上爻在壬為本元水口璽上爻

在丙艮上爻在庚為外元水口
艮山坤向　先天震卦中爻變為兌星是破軍龍来艮為巨門金
龍動則查本元兌中爻在卯巽中爻在子為本元水口震中爻
在午艮中爻在酉為外元水口
寅山申向　先天震卦初爻變為坤星是左輔龍来震為貪狼金
龍動則查本元兌初爻在乙巽初爻在癸為本元水口震初爻
在丁艮初爻在辛為外元水口

九宮金龍水口

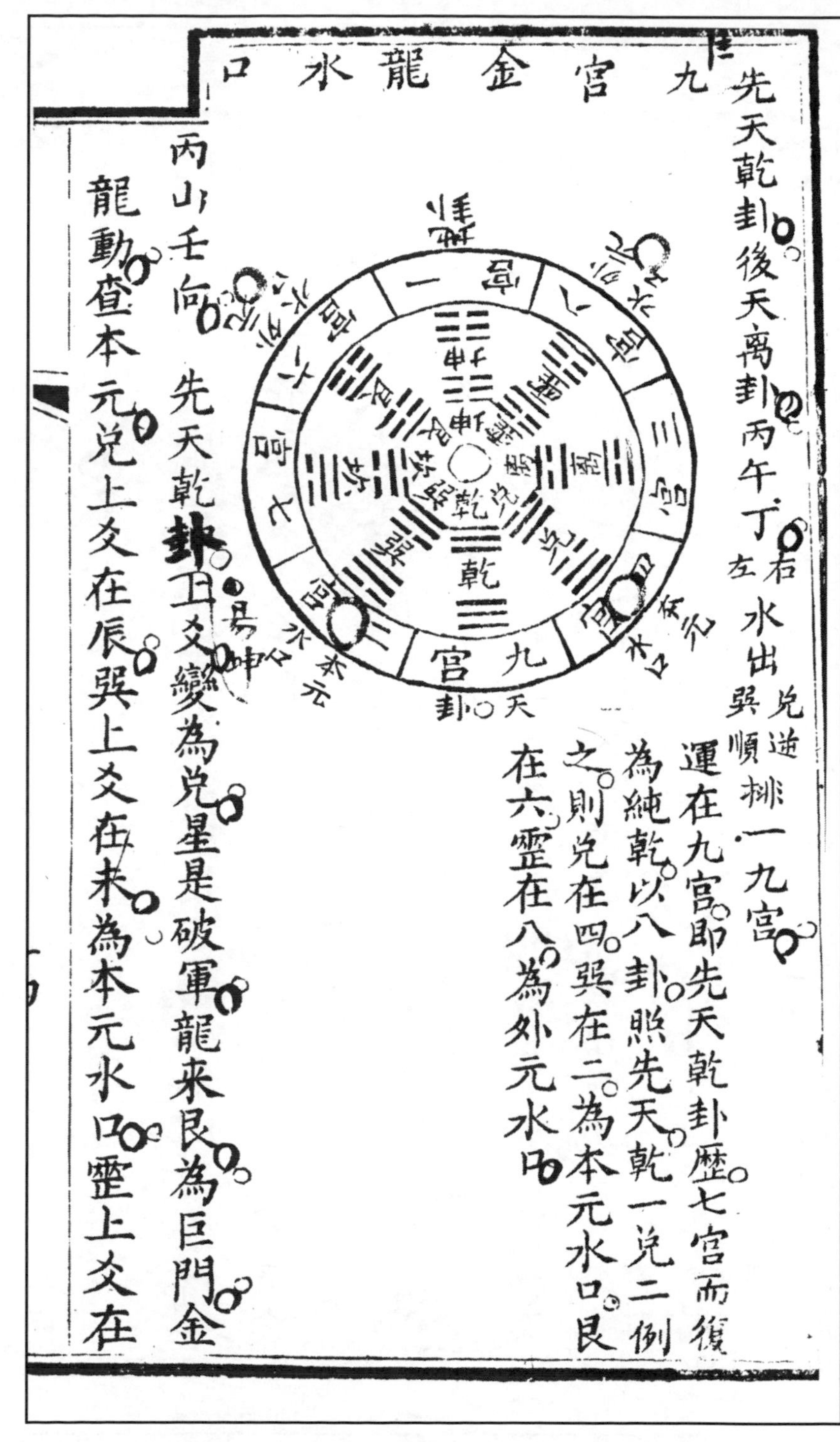

先天乾卦後天离卦丙午丁右水出兑逆左水出巽順排一九宮

運在九宮。即先天乾卦歷七宮而復為純乾。以八卦照先天乾一兑二倒之。則兑在四。巽在二。為本元水口。艮在六。震在八。為外元水口。

丙山壬向先天乾卦丑爻變為兑星是破軍龍来艮為巨門金龍動查本元兑上爻在辰巽上爻在未為本元水口震上爻在

丑艮上爻在戌為外元水口

午山子向　先天乾坤中爻變為离星是右弼龍來坎用彔存金

龍動則查本元兌中爻在巽巽中爻在坤為本元水口霊中爻

在艮艮中爻在乾為外元水口　坤借未出艮借丑出

丁山癸向　先天乾坤初爻變為巽星是左甫龍來霊為貪狼金

龍動則查本元兌初爻在巳巽初爻在申為本元水口霊初爻

在寅艮初爻在亥為外元水口　申借未出寅借丑出

水口五星　貪狼子癸并甲申未坤外乙壬巨門巽乾六位皆武

曲酉申丑艮丙破軍寅午庚丁四位上右弼一星疊次臨　右訣

水口定卦五星圖

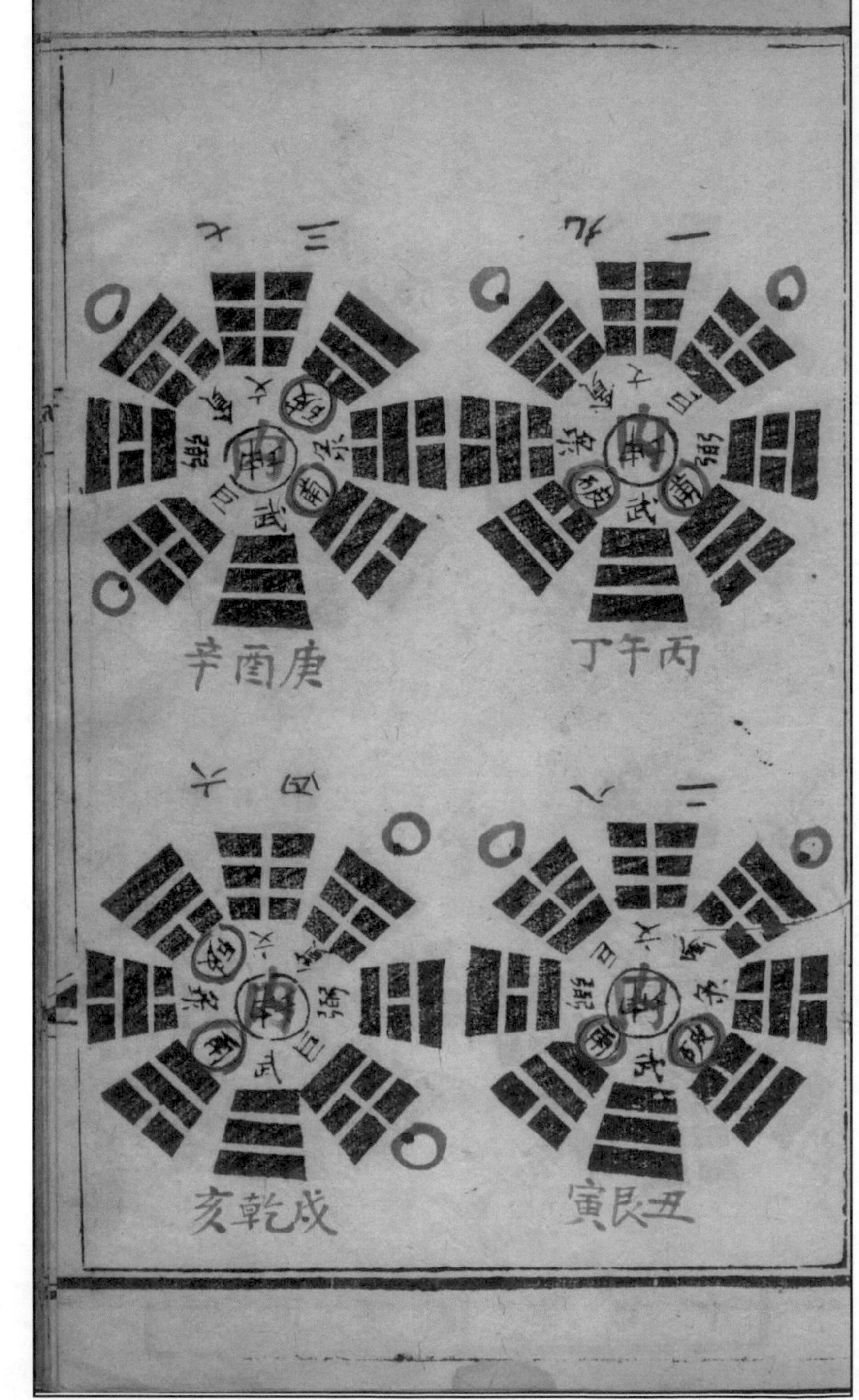

辛酉庚
丁午丙
亥乾戌
寅艮丑

九星大五行

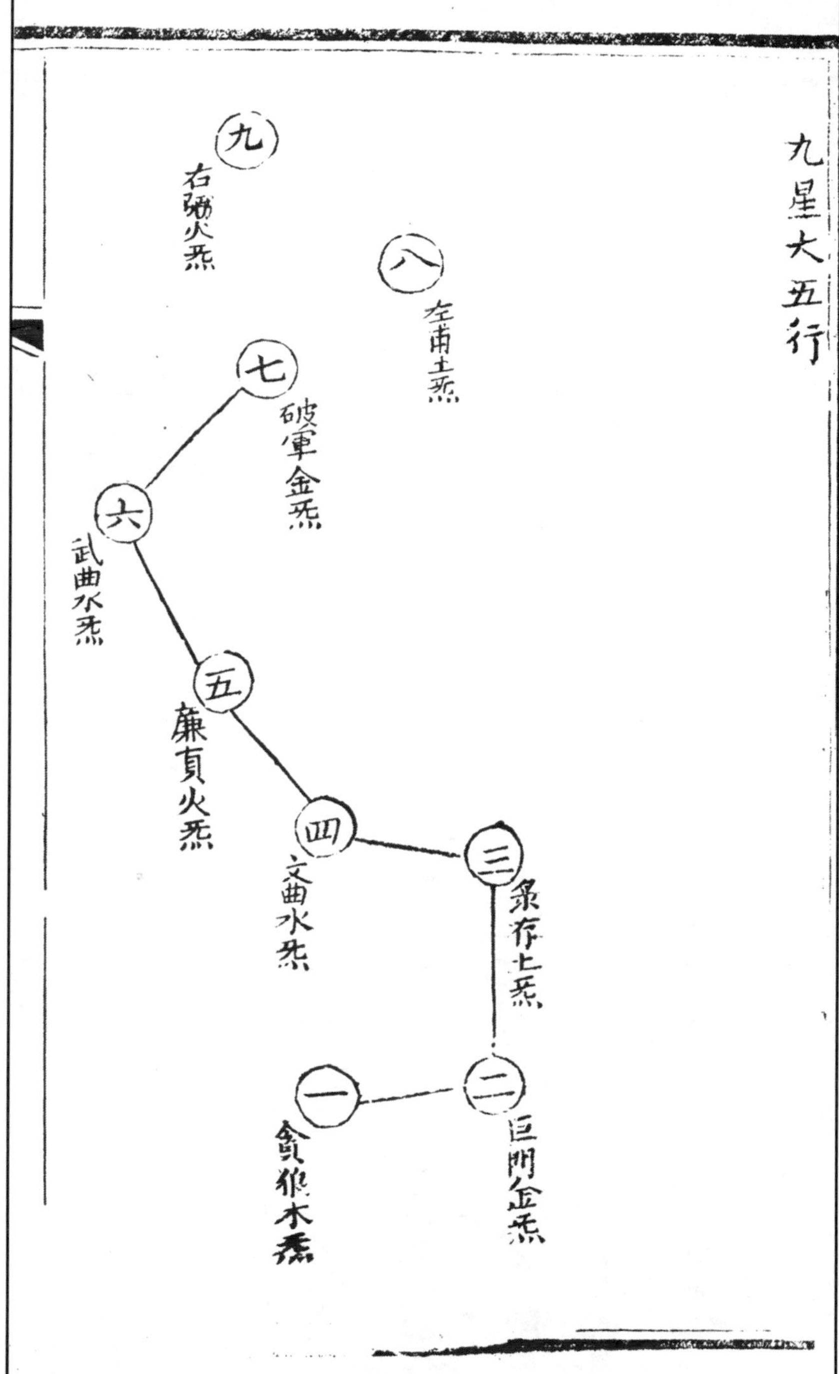

挨星大交姤圖

离 貪九 艮 巨八 兌 彔七 乾 文六 巽 武四 震 破三 坤 甫二 坎 弼一

從离九起貪倒排九宮。

离 弼九 艮 甫八 兌 破七 乾 武六 巽 文四 震 彔三 坤 巨二 坎一 貪

以土圖之貪移入坎

從坎一起貪上行九宮。一九二八三七四六。互翻此先天對待之数。

陽入陰陰入陽名大交姤挨星之本原也偽法不能知此所以有山龍坐山起貪平洋向上起貪之說又有當元有水無水翻法不當元有水無水翻法而其所謂陰陽順逆有隨羅經左右轉之或用飛宮顛倒輪之皆未夢見挨星者也

九宮九星圖

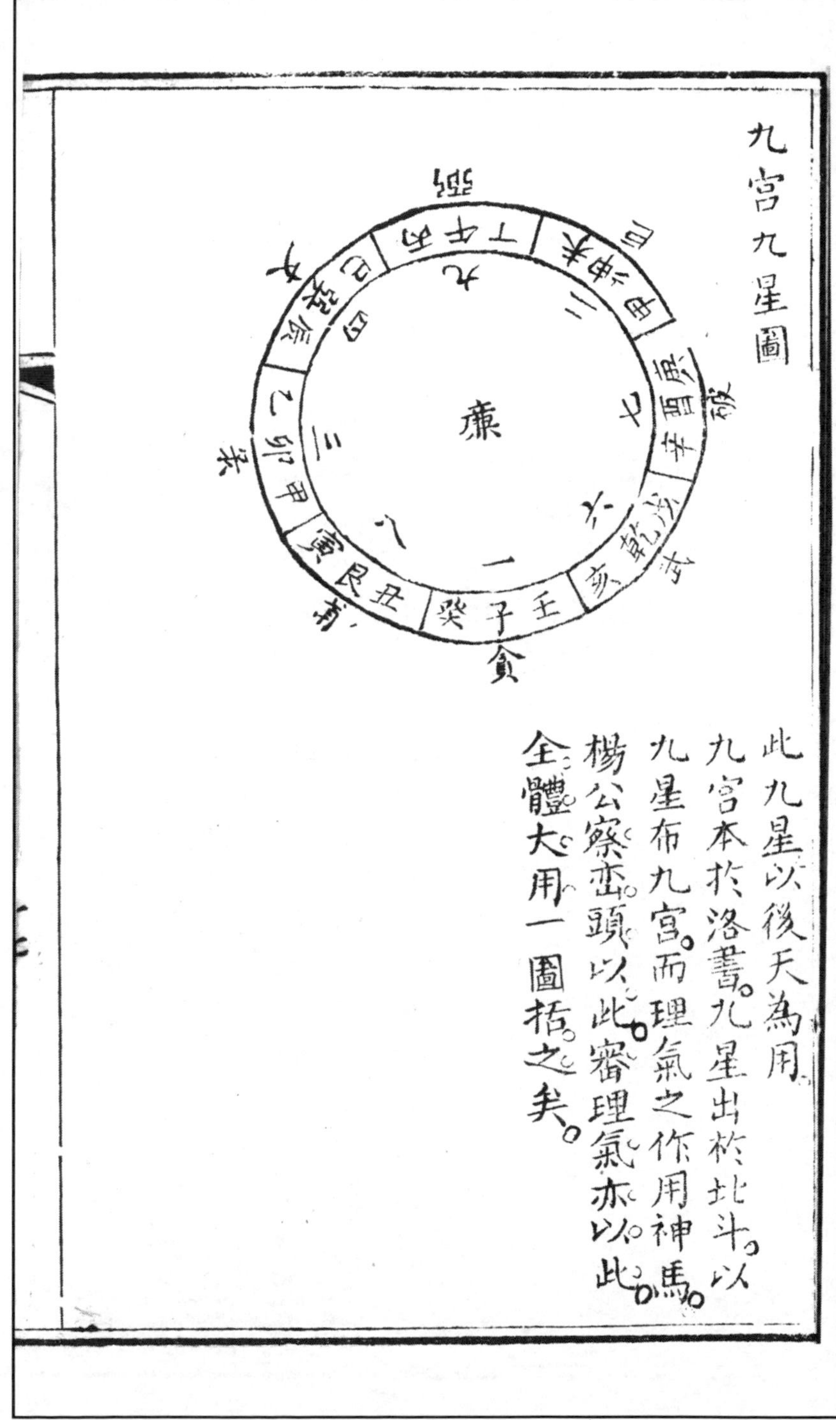

此九星以後天為用。九宮本於洛書。九星出於北斗。以九星布九宮。而理氣之作用神焉。楊公察巒頭以此。審理氣亦以此。全體大用一圖括之矣。

中五本極圖

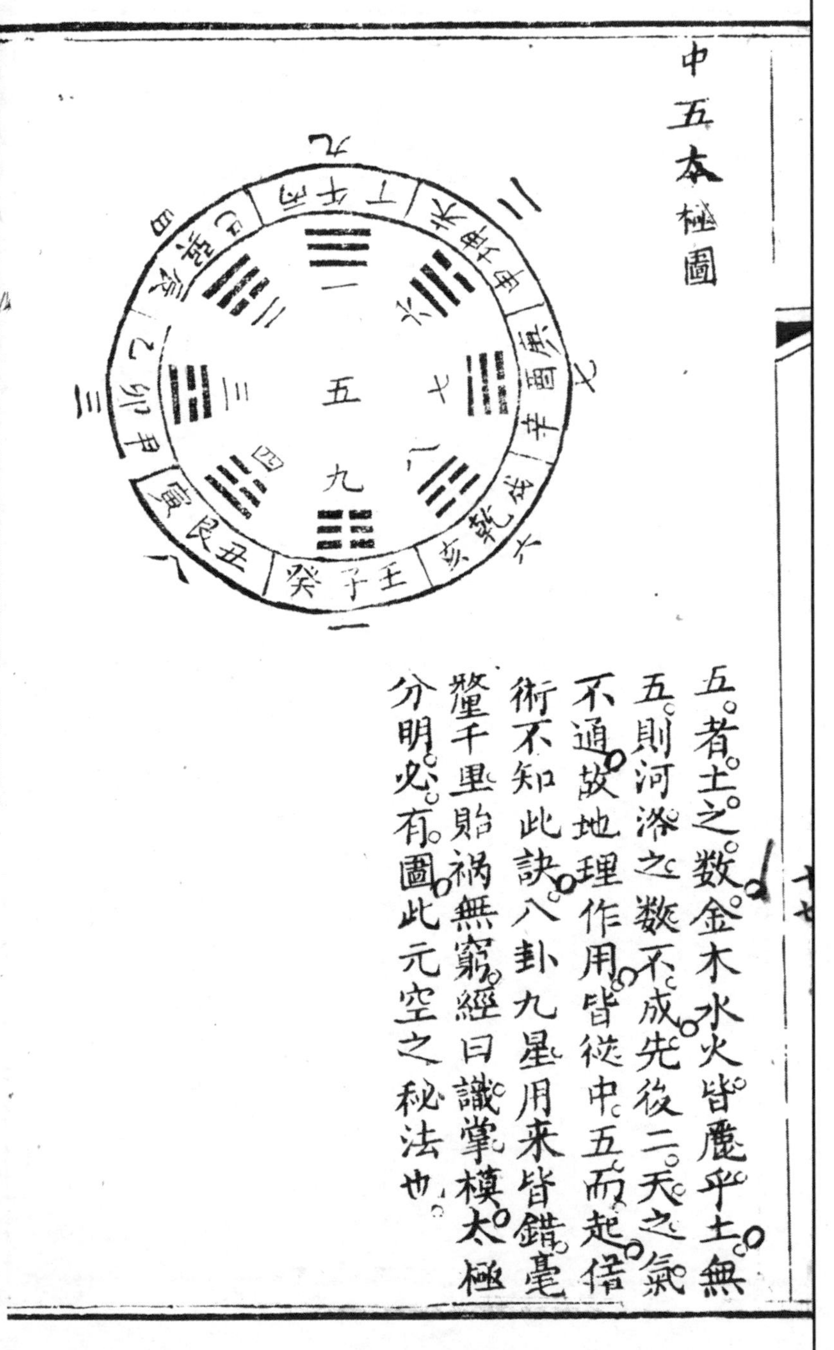

五者土之數金木水火皆麗乎土無五則河洛之數不成先後二天之氣不通故地理作用皆從中五而起倘術不知此訣八卦九星用來皆錯毫釐千里貽禍無窮經曰識掌模太極分明必有圖此元空之秘法也

排父母秘訣

天玉經曰更看父母下三吉三般卦第一蓋龍有父母山有父母水有父母龍山水皆後天方位其父母則先天卦氣也排父母有順逆二法訣以後天方位入中宮起遁却將先天八卦順逆排去看三吉落何宮坐本龍先天之山收本龍先天之水乃作用中第一捷法全圖即經四位起父母之義父母居於兩頭男女夾在中間八方無一位不對待無一位不交姤非如僞法由坎至巽巽至兌謂之經四位也

先天定父母揔圖

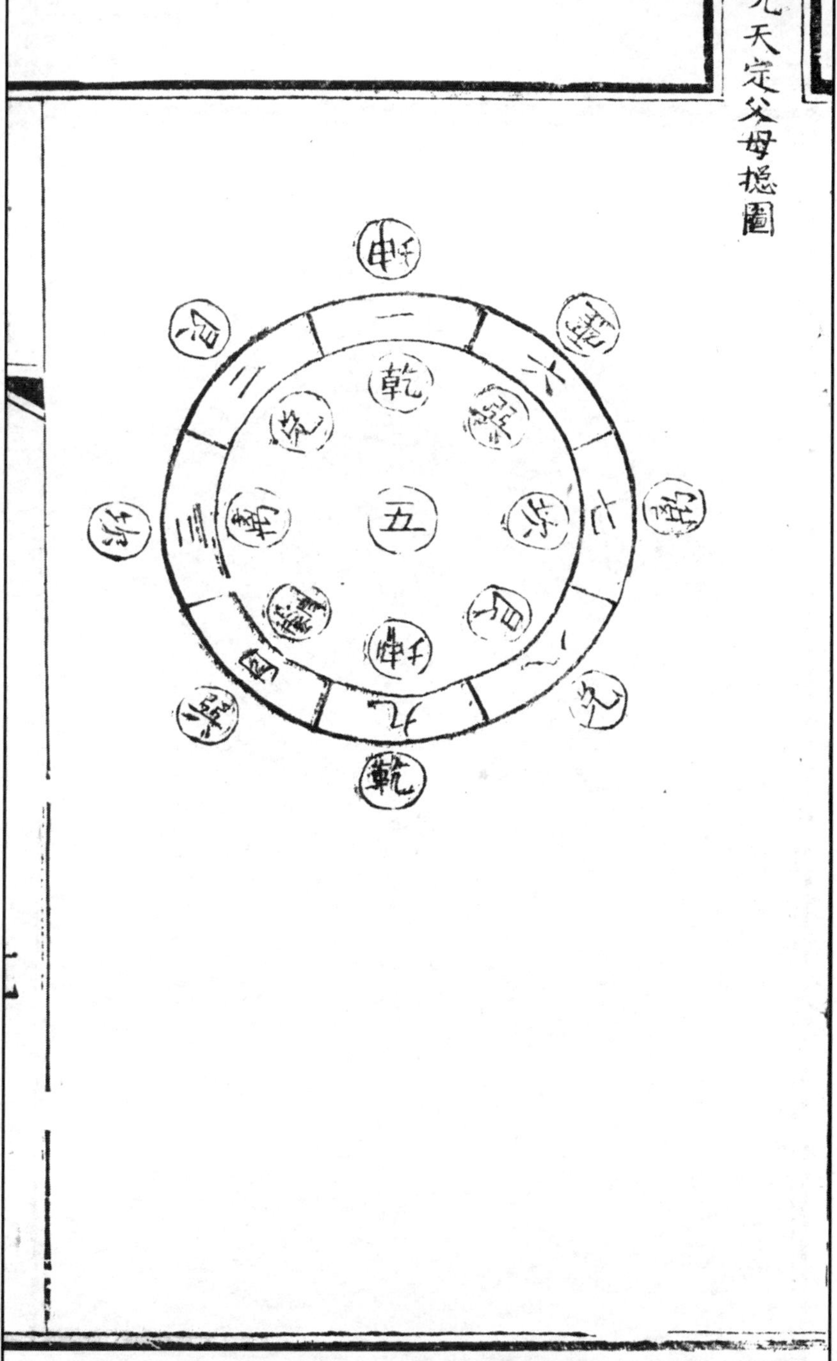

後天排父母摠圖

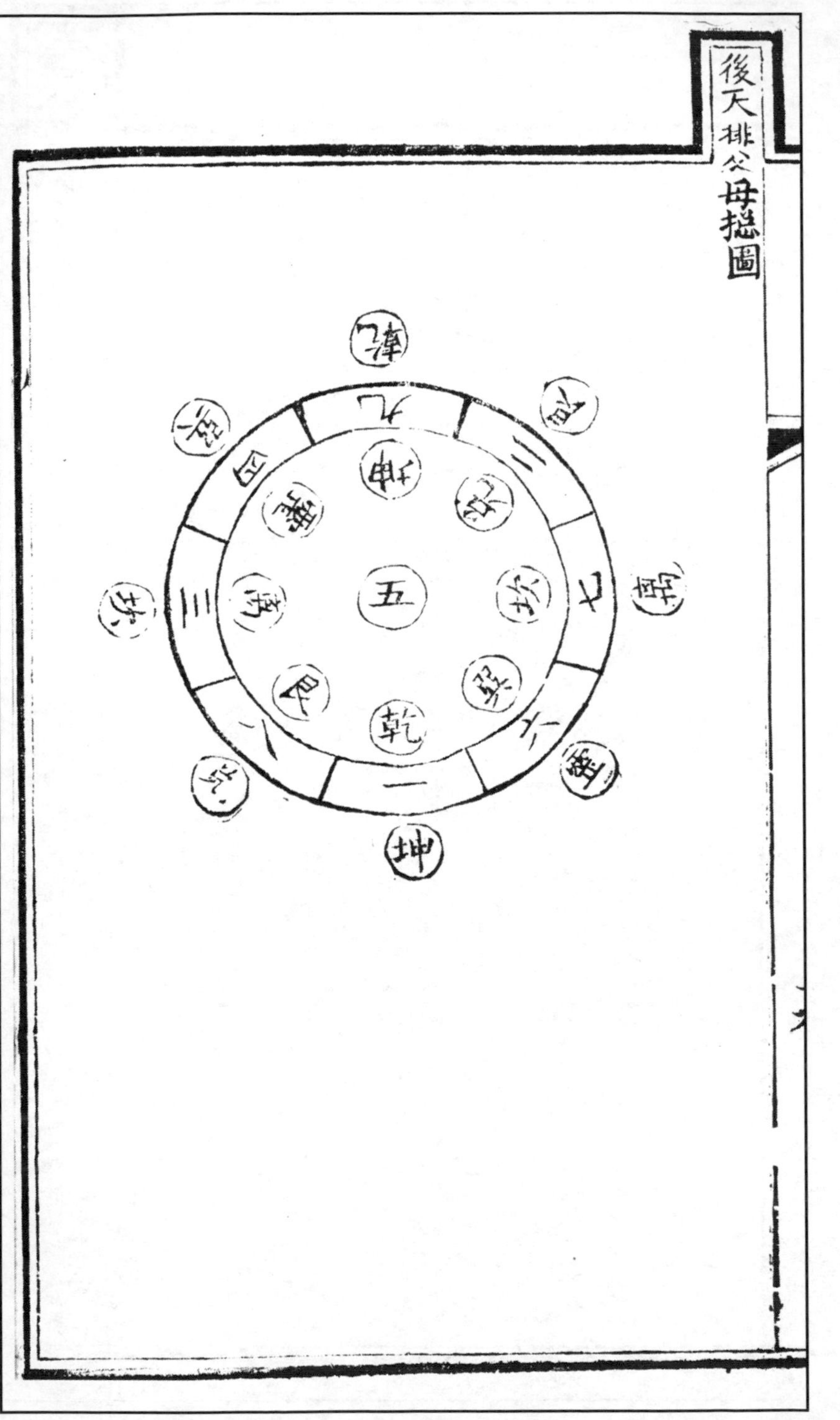

金龍水口解

水口必用兌兌者金龍之所從出也葢天地定位而後山澤之氣不通雖有男女之名而無夫婦之實何以宏生育而成天地之功用乎自山澤一通兌艮上爻交而兌爲純乾艮爲純坤坎離中爻交離爲純乾坎爲純坤震巽初爻交巽爲純乾震爲純坤金龍出於兌非其明徵乎知金龍則知水口矣天下之水歸於東南兌位在焉兌反則爲巽巽者震之對震反則爲艮故用兌而兼用巽震艮者兌巽用於當元而震艮用於失元則以卦有反正水有順逆一山兩用妙術出焉訣曰知妙要左右元關同一竅言一山一竅

而分兩局神明變化而不窮以水言也世傳蔣氏四十八局以山言必是後人僞托決非中陽之書青囊序云先看金龍動不動後察血脈認來龍與語云認金龍一經一緯義不窮不知金龍則不知水口定卦挨星何所據而施妙用乎易曰大哉乾元萬物資始又曰乾道變化各正性命又曰六位時成時乘六龍以御天大哉金龍與時偕行與時偕極非天下之至神孰能與於斯言地理而及此至矣哉

此集因惜板費故圖註約之又約右條必不可少者特於篇終補足庶幾全璧矣

元空法鑑跋

地本實而不空理至顯而非元元空之說奚為哉不知地統於天天本空也故地之氣與天通天本元也故天之氣與地應一通一應闔闢相循元者非元空者非空矣然一通一應變動不居則不元而又至元不空而又至空矣

輝山先生法鑑之作其即斯旨乎觀其演圖術義曰雌雄曰元運曰金龍曰挨星執其實以求之理本幽深也遺其象以求之學無宗主也道至實而至虛理愈顯而愈微此元空之妙諦也業斯道者精以求之神而明之宗旨於以得百二十家之說可不辨而息

矣昔孟子之闢異端也其功不在禹下吾謂法鑑之作其功不在楊曾下

門生陳汝霖同菴謹跋

元空法鑑䟦

地理以三卦爲宗三卦以元空爲主元空之旨不明則三卦之用必舛而地理之學不真中陽蔣氏辨正一書其名不在楊曾下惜其詞簡而義晦閱者從暗中摸索了無確據故乾坤法竅辨正補義辨正直解辨正解疑等書接踵而起人人言元空實人人不解元空而三卦之害更甚於三合爲可恨也一鄙性好談山水每遇名勝及前人名墓不憚登涉考証有年所矣近以安厝二親窀穸不敢委之庸師欲探元空之奧以從事苦爲諸家所惑莫定旨歸幾欲廢書而退壬辰遷青城

輝山夫子振鐸中川竭誠請教偎蒙不棄辨其訛謬示以真詮始知元空的解本儒家太極之精即仙佛証道之原實地理無上之義歷來名師所密秘而不肯輕洩者今且著爲成書正告天下天下讀青囊天玉而不得其解者以圖証註以註合圖得此一篇不第迷津之寶筏覺路之金繩豈但有功於辨正其造福於天下後世不尤溥哉一幸與校讐之末敢掇数語以志授受有自云

門生陳書一謹跋

楊公三般卦元空法鑑圖序

挨星三般卦。昔楊公至道心法。知雄守雌妙訣。心法。無形先天入有形後天神路。各有次第。三般四神路。六建龍。十二陰陽路。雌雄法。元運法。金龍挨星法。下卦法。經四位。起父母法。逆子順子法。以三般卦寶筏。概自唐一行。錯亂五行。真偽不分。串後世。地理雜出。汗牛充棟。豎說橫說。無非欲明此形勢。非元空要領。各說愈衆。而事愈繁。書愈多。不愈晦。使人迷而不悟。揣摩妄作字向。遷甚後貽祖

不少。而反怨地學悞人者。多矣。縱有悟者。而不
道。無形先天入有形後天。又不知。四神路法訣。一
要領。工夫次第。以致後世。反生望嘆者。多矣。嗚呼
公。設留正法度世。原欲使人人領悟。箇箇皆知將
法。而今後學。不知先後烝神。以壞楊公之。良可
也。夫斯道要口傳心授。僕幸獲師承備公三
卦。雌雄法。天地陰陽造化機。明露八卦六
環理。乃地理切要。三般卦實筏。句句秘訣。字字
而工夫次第。先後要領。無不備載明白。有志於

者。誠取而三復焉。則依此法。而入道下手。遷葬真〻地學權衡。易如反掌。此乃出師口授。非坊刻所有。〻者。勿 為庸常書。輕以授人。必須其人。忠孝謹純。方可授之。若輕授予人。必犯天地所戒。鬼神所怒。可不慎之。俾孝子賢孫。葬親。而親不受泥水風濕。蟲蟻〻根之患。長獲禎祥。豈不美哉。是為序。

大清光緒二十二年秋八月上旬龍門李守清謹識

序言

浪學陰陽少秘傳不通仙道亦徒然訣分順逆天以
路顛倒指南漂海船的是保身無價寶天地豈止值
萬錢聰明富貴龍穴出莫把羅經作浪言羅經包心
有四神指南車運轉星辰若中天機生旺位土圭相
合享遐齡山上尋龍沙水穴身中採藥精氣神內外
陰陽齊道徹出玄入牝丹自凝迴光返照天心位起
死同生地軸魂此寶不是凡人識識者必是非凡・
羅經雖小天地寬山河社稷手中拈一粒粟中藏世

界半邊鍋內煮山川敲文雖用文武火烹煉全憑斤
法船重疊甲子千千歲跳出乾坤萬萬年假事繁亞
無憑據真心簡易在眼前萬斛明珠休輕授金玉堆
裏莫亂傳敬師捉兎莫忘蹄悖恩得魚便忘筌說破
蠢人都笑死不說聰明識不全只把羅經照山水不
知是孰接仙傳

龍門李守清序

楊公三般卦序

楊公三般卦。六建龍。謂之收山。出煞妙竅。認水口訣。將生旺水同歸一庫。故曰通竅。乃陰陽之大道也故曰內外元關同一竅。富貴綿〻永不休。以上四十八向。三般卦。要合一卦之通。不要出卦。出卦損丁破財。此法盡合楊公救貧水法。十四進神。元關通竅。此局。生旺龍水配合。真夫婦法竅。照圖安葬。合三般卦上中下。三元運當令即興。失令即敗。故以當王者上三般卦。非中陽所說。天元龍。地元龍。人元龍。子午一

酉。乾坤艮巽之訣。非也。此三般卦。昔楊公真竅認今
龍。是無形先天雌雄法。三般卦。是山澤通氣。雷風
薄。水火不相射。此乃三般卦。四神路。真訣竅。俾孝子
賢孫。埜親合元運。上格龍。富貴極品。合元運。中格
小富小貴。合元運。下格龍。衣食豐足。極而言之。縱
無地。能曉此竅。立一元運向。不過不發富貴。亦能久
管有丁財。斷不絕嗣。何也。向也。向之生旺。能救龍之死絕
故也。僕特書於此。告知諸公。照此法則。無不靈應。
合救貧法竅。永遠不朽之梯航。愚昔學法。不吝錙

蒙師指陳。解悟三般卦。四神路。博而約之。頭頭〻然亦不敢自私。有欲贄敬。親承授受。解悟卦圖余亦不敢吝教。俾莚親者。不受泥水風濕。長獲宗禎祥。則福人因以福世。利已兼以利人。豈非孝〻孫。仁心仁術哉。是為序。

光緒丙申年秋八月上旬龍門李守清又識

跋

唐楊公秘訣首揭雌雄發明三卦之本旨二卦、
微卽一卦之元妙千百年之真機和盤托出金龍
星復大明於世宗斯旨者賢豪英俊接踵而生心
孝之大端也世之仁人孝子欲安其親而庇其一
庶幾有所考鏡而不為他書所悞俗術所惑但佛
書將天機未免盡洩然使此道昌明於世而有心
於人雖干夫忌又何恤焉龍門李守清後跋

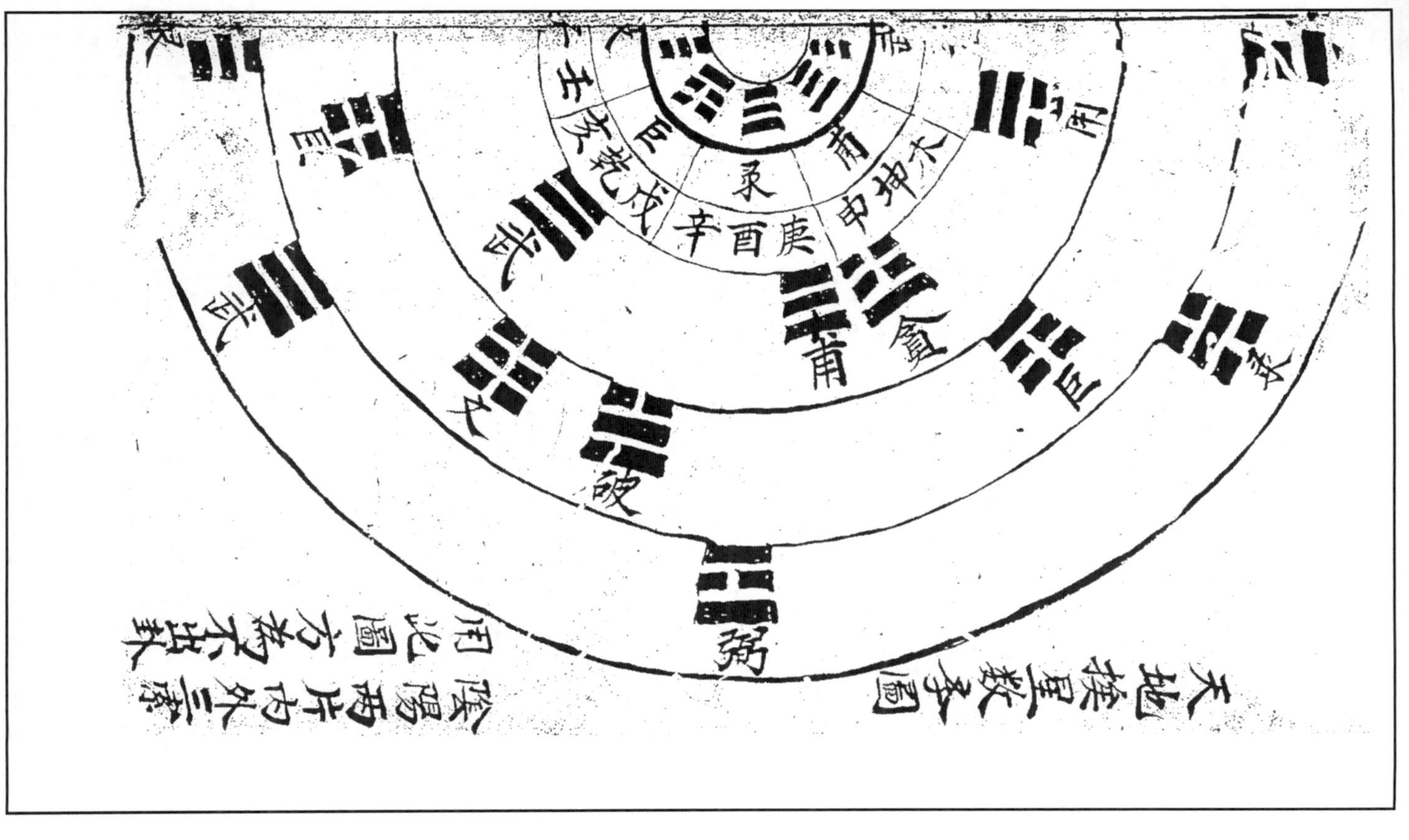

天地挨星數多圖

陰陽兩片內外三層
用此圖方為不出卦

梓潼李指南補圖

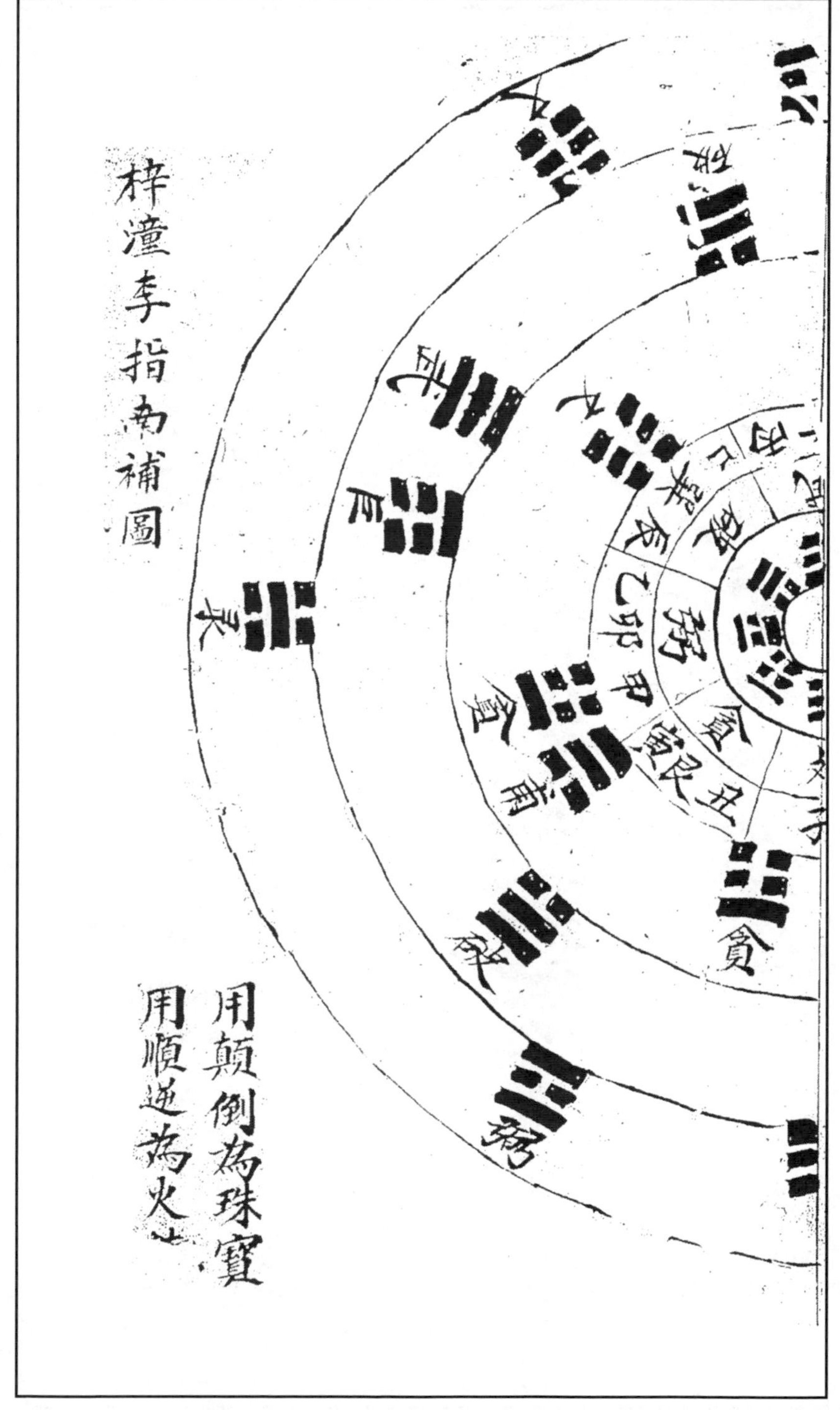

用顛倒為珠寶
用順逆為火土

蔣中陽註天玉寶照諸經全非元空正義元空用顛倒而蔣氏以
四位而起父母之法純用順逆直與諸經相悖此處錯全書皆謬
矣試共參之 輝山謹識

成都志古堂發行

民國卅三年冬月廿六日

在田叙

地學者不易得真傳真文有真傳必有真訣真文亦非易事耳余從先大父遊宦至川朝夕論講易理青囊奧義巒頭理氣之妙用天文地學之精微是玄空[挨星]之道得之真則用之確矣形法日三家先大父壽堂公集成抄書三卷以作傳家至寶也凡吾家[後]學者切勿浪洩天機庶免犯造物之忌余遊宦至滇有年辛亥之秋清没民國興則棄職雲遊方外至棋陽半載玩水觀山實有情趣奚然阿陋井張君舜臣馮君耀廷聞名相邀卜吉佳城壬子秋至井馮君之夫人亦[得]吉穴不棄李君彥廷之少君芳字成之居心從

師學習地理余未敢允舜臣再之相勸余察芳之舉動行
為覺侍祖父母有孝與人謀稍忠行為不苟癸丑夏方允
收為门人故將所集秘訣之書三卌抄錄授芳但尔得訣
得法得文切不可亂傳非人自遭罪戾也遇有大龍穴之
地必先擇忠孝天性之人方可與之不然則隱之是書之
得切不可浪洩天機自遭天遣慎之慎之
天運甲寅年春三月抄錄授於门人
江南江寧上元縣歐陽烱在田氏抄门人李芳葳之氏藏珍

自叙

士之立一說以傳後者非獨身心性命有所難言即文章技藝之學欲通其極而造其微皆非一朝一夕之故也矧地理與天道同出一原苟非智慧夙具明於陰陽達於理氣而株守陳言以蒙之雖一偶中災祥究莫識其奧妙居嘗見世之術士其以射利愚民者無論矣即心本無他而學者未精往往自以為得而遺禍於人者不淺予甚慼焉顧安得一二哲人為之正其趨而指其迷也地学之書自唐僧一行以後泥於甫星三合黃泉八曜宗廟紅鸞之陋各矜其解而不知其非傳之真也前明蔣平階先生

註青囊天玉辨駁玉尺正其非闡其秘究引而不發必待
師口傳心授始得聞其大概耳非徒章句耳中可求者也僕
㓜讀父書留心斯道朝夕未嘗少輟窺虧盈盆之理首動
宗旨之序興敗衰之機每歎玄渺莫測嗜思若竭渴私淑旁
求窮經皓首雖未能窺羨前人探索精微竊以地學之書
百出叢辰之弊千岐不得不為表述也姑勿論其俗論俗
例之非義理之蘊即風之所以為風水之所以為水半屬
荒唐有知水而不知風者有知洞缺之風而不知收攬生
旺之風比比然也即或知收攬生旺之風者而不識動靜
緩急遠近高下反正之情勢猶未能知其機而通其神

也至或重休而輕用或貪朝對而失真穴之主宰或圖全而書格（隔）或零正而神淆雜皆無風水之實大非仁人孝子之用心也夫堪輿之理豈僅邀福已邪然地道則明而人道可立五德備其全五若（常）其性忠臣賢哲自當接踵而生矣是卜陰陽二宅之休咎即為人事之始終也茲本先達之書承黃公之講解參考公壽享八旬有八受知府在任辭爵隱（隐）居鶴髮童顏真有神仙之氣概能知過去未來之事胸藏青囊秘訣河洛奧義真得蔣氏真傳深明地學天文星象之旨綴成此書傳此後世作家傳至寶法家日家家三家之玄妙盡矣公安徽城桐縣進士出任四川特

授順慶府余授先大父壽堂公講明三元地學奧義又得黃公發明玄機精以求精已得口傳心授之秘密得真訣真文更覺精微考察名墓古蹟陰陽二宅興衰成敗毫髮無爽矣每見三合家用事累〻錯訛福未至而禍旋踵矣甚至自悞〻人未經師傳自讀其書已為已得似是而非豈有不悞人身家縱不見凶禍不數年非敗即絕矣真可悲痛乎余見亦多乃不經斯道故所以然也世有庸術未經師指傳有行假道者口出大言呼形呼勢煽惑愚民吉不知其何吉凶不知其何凶愚民被他所迷以為高明哄他們心自問亦默無言矣蔣公曰三元得真傳者無幾人

矣有真傳必有真文能分真假又何悮人自然有証據平
砂玉尺經辨别真偽奈儒家抵死不悟何哉殊不知斯道
大有俾益於仁人孝子無如世人為親求地不辨真偽不
擇師多有中誇講奉承者而不中實學每多悮事一遇庸
師用事即刻見凶則悔勿急矣何不當初求明師又何患
乎暗〻中有鬼神乃德惡所致而至如此余抄書成書以
作傳家至寶免受庸師之害異端之所惑也况天地有好
生之德何况斯道與民造福則吾豈敢亦無幾法昔賢哲
諸公無我之心願吾後學者精之微之則不至自禍禍人
余之幸也

約言

地理之學深矣地理之書汗牛充棟真偽並行雖有蘇張之舌亦難復我心矣蔣公救世心切註玉尺經立辨三合之非使仁人孝子為親求地有據個〻得福蔣公披肝露胆喚醒夢中之人禁戒後學者既得真傳與人擇身家禍福之柄切不可忽也勿亂傳非人泄漏天機犯造物之忌是先賢宗師諄〻告誡恐有小人行嫉妒之心使道害人或二家結伙買道行刺者凡我後學者慎之無犯

余授先君講明易學青囊天玉寶照諸經闡發河洛之奧義博訪經師得玄空挨星之奧妙識巒頭理氣之象形知先後天生成之造化曉元運興衰成敗之機關明天文七政之

作用觀（楊）公九星之形式祭八神闔闢水法生旺休咎盡於此矣後學者慎勿輕視亂傳非人有負先師教戒之心非不正之道誤人身家非不正之書傳於後世貽禍於後世入門者則見吾心耳

上元甲寅季春月畫（書）於（與）門人李　芳成之氏珍藏

前清雲南直隸同知即補軍民府江南鼎三楊義銘歐陽烱在田氏抄錄

天元貳部拾肆章

十亠 三元運法

十三 三元定局元運秘訣

十又 三元龍山向水秘訣附圖

廿 三元調遞紫白秘訣

廿乙 三元斷驗秘訣

廿弍 三元旺位陰陽二宅秘訣

廿厶 論陰陽二宅秘訣

廿乂 三元八宅註解秘訣

人元部叁拾章

乂乚 龍穴砂水形勢論
乂厶 登穴秘斷訣
乂𠃋 地理重地不重房分論
乂𠄠 三奇起例兼尋太陽到山法
㐅㐅 北斗星式 附八卦次序歌 貴人圖
乙乚 三元壅推祀主大小月建法
弘 開門安牀催丁秘訣 三事

㐅弋 認砂水穴秘訣
㐅㐅 地理賦
乂丄 圖說分野
乂𠄠 斗柄所指法
𠂇十 月令中星大火催富貴門灶秘訣
𢇁弋 三元值年太陽調照法 擇日論
攸 修造埋葬用事不傳訣

地元部叁拾式章

〡〢 目錄

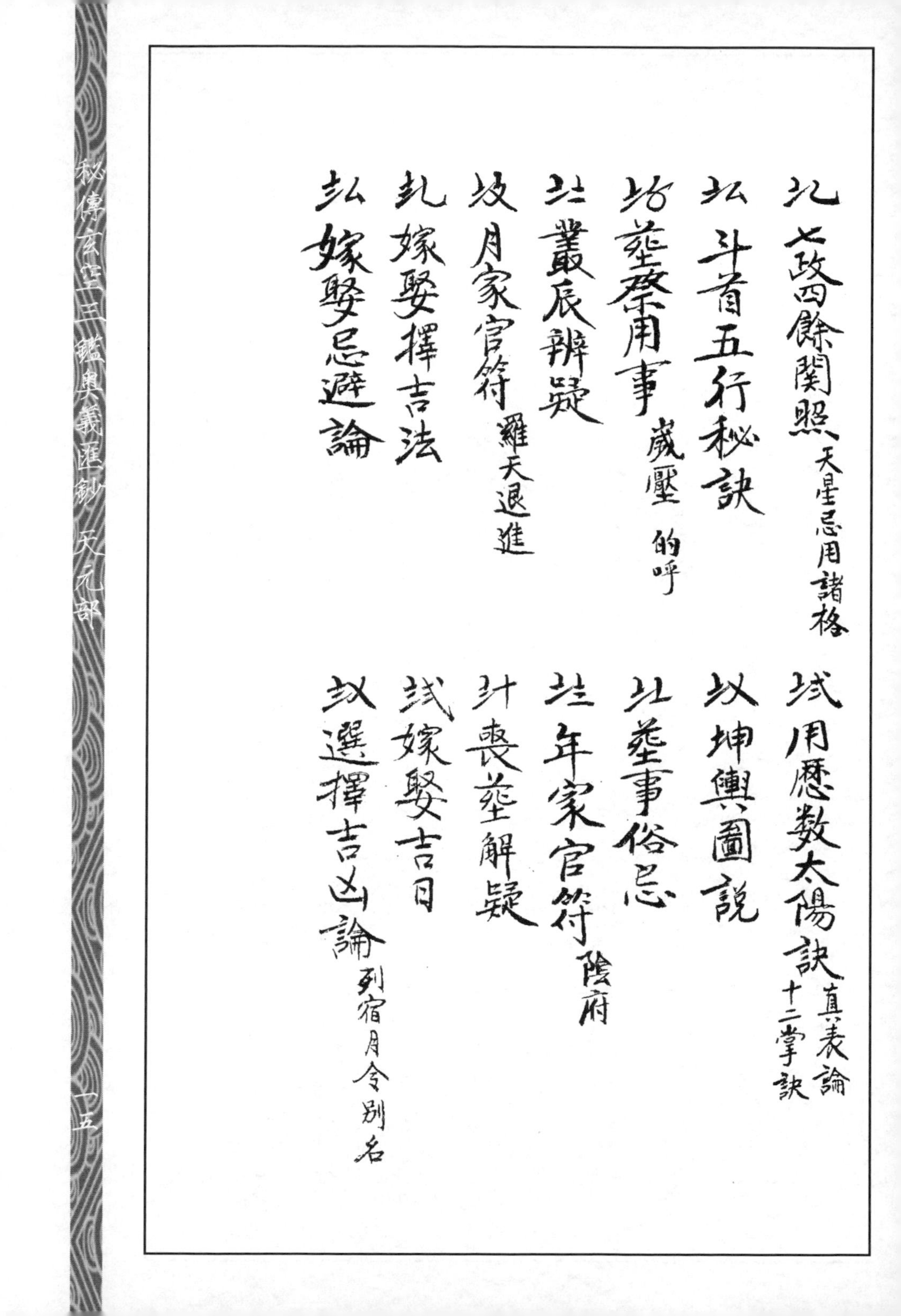

玄空法鑑

天生神物其名曰易身色無恆日十二変聖人設卦觀象取以名經尚其変也然則世之談地理而訛（託）名於易者多矣其知変乎曰否知変之道者惟玄空玄空陰陽之氣者也玄則未嘗不空空則未嘗不玄玄空固隨時隨地而変者也知隨時隨地而変之玄空則隨時隨地可捉玄空矣而世之俗師乃執大小之說以求妄也執納甲洪範卦例甫星四經三合以求之愈妄也豈知変動不居週流六虛玄有活法空有活機太極動而生陽靜而生陰陰陽交而生旺集所謂玄之一而神者無非空之兩而化者也

江源輝山夫子得先天之學於蓮池。參以當代名師。手執法鑑一書。明玄空之出易者。最精最微。亦最確。夫子其神於坎離乎。夫上經首乾坤而終以坎離。天地一水火也。下經首咸恒而終以既濟未濟。山澤雷風一水火也。總之一六二七三八四九。以中五乘三元之氣。定其前後左右。有山收山。有水收水。則審運變象。定卦分星。顛倒挨排。不出玄空中也。世之仁人孝子。誠精而求之。則知地理即易理。知易道知天道。乃可以盡人道。天道也。人道也。地道也。一以貫之。

玄空法鑑叙

玄空大法不明於世久矣讀蔣公辨正書含糊隱約不憒於心窃慮其悞人而奸詐之徒因而託之以射利而惑世也乃舉生平所傳於師所得於有(友)者摘其切要數條以著於世題曰玄空法鑑欲人之易知也一切幽深玄渺之說不存為欲人知其易能也一切迂迴曲折之法勿取為世之仁人孝子欲安其親而庇其根者庶或有所攷(考)鏡不為俗書之所悞俗術之所惑也

玄空心法惟些子莫向羣書枉問津情得先天真妙訣乾坤六子一家春

乾遇巽時為月窟地逢雷處見天根(天根)月窟常來往三十六宮都是春

青囊秘旨是玄空三卦排来各不同正運到山龍入相零神得位水成功翻天倒地乾坤小轉斗移星造化工始信先生参贊業分明都在一圖中

玄空秘法非經師傳難憑心悟壬戌北上舟次第一荆门蓮池先生授以先天之學始通其義故此集以蓮池心法為主兼来當代明師秘傳合為一編雖披肝露胆天機未免洩漏太盡然使此道倡明於世有益於人雖違大戒又何恤焉

此集分為四大綱領一雌雄一元運一金龍一挨星採圖必精集註甚約不敢一字杜撰以悮人者也

楊公養老看雌雄曾序首句已說盡說諸經道理其訣只在
交媾處生出妙用來易經云易一名而含三義玄空即交
易之理然錯綜其數孔子以先言之矣而世儒牴死不悟
何哉
玄空大法全以元運為主雌雄以此看金龍以此認血脈
来龍以此審下卦挨星以此定五德之運當旺者貴而易
所稱與時偕行者非六龍乎地理之道孰大於是
曾序首揭金龍經曰認金龍一經一緯義不窮此即元陽
之氣也而不得泛言陽氣者以其從先天乾卦而來故尊
之曰金龍其動大者全卦純乾則大用之其動小者一陽

来復則小用之是下手第一的工夫

地理得與失決於定卦金龍水口即定卦之標準世傳蔣氏四十八局尚非真傳寶照云城門一訣最為良可知定卦必以金龍水口為主矣（非河水流出之水口也謬矣）蔣氏既得挨星而天玉謂挨星惟最貴與語寶照言挨星者甚詳蓮池心法有龍上九星水上九星此集圖中九星有二一以先天為體一以後天為用各極其妙不可混看玄空大卦不過定卦挨星兩事人知定卦乃用挨星而不知挨星以定卦蓋挨星於定卦後所以察水而挨星於定卦之前所以辨氣察水人故知之而辨氣則知者僅矣故

挨星有不甚重之說且有挨[駁]星而不用者是全不知有挨星者也

玄空最重者一用卦法蓮池心法龍山向水𩧉宗一路謂之不出卦此卦非後天方位之卦亦非先天八卦之卦乃從先天化出如甲癸申巽為靈卦所謂先天卦烝也歷来仙師相傳羅經無紅黑字一盤以陰陽妙用不可以方位定也自范宜賓設造紅黑字每一宮多出天地人三卦學者易於入門然此處以悞人不少不知范盤紅黑字乃後天卦位認此為不出卦謬不止千里也此作用第二件大事特為揭出

學地理第一要以星格形勢為體理氣為用二者不可偏廢形勢俗書汗牛充棟不可入目學者總宜以楊公九星為主疑感二書飛海门先生以刻於榮昌矣全純覺露其功不小茲不復贅矣

蔣公作辨正有功於楊公然不肯直揭本源使讀者猜想於疑似彷彿之间按圖索驥指鹿為馬悞盡天下聪明才子非徒自悞且不悞人則自有辨正以求其得真傳者方可讀辨正不然就有辨正無訣其禍於斯世可勝言哉世上求食之徒多託名於蔣氏其敢於大言欺世者實因蔣計無有明文因得以飾知而行奸路徼其形凶險其性

世家大族不辨真偽事之如父母尊之如神明不惜財帛
不顧屈辱使置先人於風煞之上泉蟻之鄉不數年而敗
亡亦至吾見者亦多矣此等真是可殺然即殺之無救於
禍惟有痛哭而矣此法鑑所由作也豈得已哉讀地學之
書宜分别真偽秦漢以下古書如素書宗言之類今後人
偽造姑不具論晉唐而下形勢偽書不能枚舉凡論巒頭
而雜入五行之生尅者如易上辭傳之類皆偽之尤者也
理氣偽書不能枚舉凡執方位而定陰陽夫婦者卦例三
合之類皆偽之尤者也大約形勢理氣方位三者宜分别
清楚三者混淆即是偽書蓮池先生云山川之星體本於斗

東此形勢之真者善用先天者不用先天善用後天者不用後天此理氣之真者知此真書可識而真機亦自見矣易之為書也冠六經而玄空之圖傳於方外儒者罕能通其義窃嘗擬之於太極而太極不足以盡之蓋太極明其理而玄空則致其用也顛倒乾坤移轉星斗以先天明理氣而不用先天以後天正方位而不用後天在丹家取坎填離金水合併之成真不難也何況地學乎此所以変動不居而精義自在不可思議故曰玄空也

玄空大法蓮池心法此集中故然申明其法而訣申兆師口傳心授亦難入其奧妙者也

玄空挨星原係大道亦未必亂傳非人自古未有之事也

先師諄諄告戒恐洩漏天機犯造物之忌耳

蔣公辨正書詳明此道真傳天下所知者亦無幾人至書出之後二百數十年得真傳者亦覺不少只因三合亂道並且假冒三元之名以惑愚夫愚婦故地學一道紛紛議論凡我後學者宜分別真偽而雲南之地方余遊宦數年委察十一府地方未見有得真傳者所得真傳者兩湖三江浙閩者多蔣公云非其人不傳何也非忠孝廉節者不可如走江湖求食之徒未可許也

在田氏評

三元總論秘訣

天玉經曰江東一卦江西一卦南北共一卦後之解得紛紛矣聚法總無一定殊不知三元三卦者即三元之隱語也元運分天一地二天三主上元　分地四天五地六主中元　分天七地八天九主下元一卦管二十年上元三宮管六十年中元三宮管六十年下元三宮管六十年九宮二九一百八十年週而復始循環無端矣而其上元三運統於一白之坎下元三運統於九紫之離中元三運統於五黃之中中無定位上則寄於坤下則寄於艮故中元首運雖四綠巽主之而仍統於上元之坤中元末運雖六

白乾主之而仍統於下元之艮　是三元只作兩路論　故曰父母陰陽仔細尋前後兩相兼定前後相兼兩路看分定兩邊安矣故曰江東一卦從來吉八神四個一江西一卦排龍位八神四個二上元甲子終於震震者東方之卦也下元甲子始於兌兌者西方之卦也用排山兩邊分之四卦在東四卦在西折之四卦為一氣也江東上元第一故曰四個一也江西下元為第二故曰四個二也至於中元第四之巽在東南之隅第六之乾在西北之隅前三十年巽近東故統於東後三十年乾近西故統於西南北八神共一卦端的應無差又曰天卦江東掌上尋知了值千金是指

明教人在排山掌上分江東江西之卦也又曰地畫八卦誰能會山與水相對是指明教人以運在江東時則江西之四相宜又曰共路兩神為夫婦認取真神露仙人秘密定陰陽便是正龍岡金針度人至明至顯毋奈讀天玉經輙以為幽深至遠之說毋惑乎愈探愈難甚可歎哉

既明江東江西南北者分為三卦又恐人泥東西南北四字者不會其旨又申復其說也是天地父母三般卦明告人以東卦為天卦即上元也西為地卦即下元也南北為父母以人生於父母天地是中元之運半寄於父之天卦也半寄於母之地卦也此三元之奧妙者哉

是明三卦之用。可知精神全露矣。其中有玄機奧妙者存爲前篇心法以洩漏哉。但用卦之訣以待口傳不敢筆之於書。是 先師告誡之耳。

此集中故然盡是口訣。但要師口傳心授而後可得。若諄諄於書中熟讀背記。縱有聰明智慧之士亦不知其門從何而入也。亦不知其何所取用乎。

世有庸人將青囊天玉寶照諸經熟讀胸中。逢人便誦。使人信從。以爲己得。自爲高明者也。聖人之書何不可讀耶不得訣。不投師講解。讀有何益哉。地學一道乃大道也。玄妙太深。非是紙上談矣。若從師相傳。以爲己是自古未有

之事也

挨星秘密口訣

挨星者挨次而排也星者九星也挨星之法地理之要也挨星之學地理之畢事也山有山之挨法水有水之挨法穴有穴上穴內之法（穴上是龍來山也穴內是向去水也）又有前兼後兼之說前兼者向上排龍也後兼者山上排龍也（來脉入首之山也）山上排龍一局向上排龍一局此即來脉明堂不可偏之奧也此挨星分山水龍向排局萬萬不可有易也如果排山而不排向或排向或排向而不排山非也 蔣公謂向上排龍排列來山山上排龍排列向首然後知向上得何兩神水裡得何

兩神又曰本向本水四神奇（註解云向有兩神水有兩神乃四神也）雙山雙向水零神由此觀之向上排龍二十四局山上排龍二十四局一山兩局二十四山雙雙起共成四十有八局之語方能首尾相合脉絡貫通又曰有穴上穴內之法余多探求並無可見乃見於註解中解云穴內言水穴上是龍穴內即向穴中指山（穴中即穴上言龍也）矣既云穴內言水穴內即向是向上挨星取正神到向零神到水穴內之法即向上排龍向上排龍即水裡排龍也明矣穴上一層穴上是龍（山之來脉乃龍也）穴中指山是山上之挨星穴上穴中之法即山上排龍也明矣（穴上穴中是一層也）山上排龍即後兼也即穴上穴中之謂也穴上是龍即龍

挨星之法也龍乃來脈之龍又謂之來脈穴中指山即山上排龍也山上龍神以生為旺為順死為衰為逆山上排龍也向山排龍即前兼也即穴內之謂也穴內言水穴內即向即向挨星之法也向又謂之曰明堂穴內言水即水裡排龍也水裡■龍神以死為順為失生為逆為得水裡排龍也山上排龍八神取四旺四旺之中又取一正到來脈故曰江東一卦從來吉八神四個一　向上排龍八神兼取四旺四旺之中只取一正到向四衰之中只取一零到水到坐故曰江西一卦排龍位八神四個二山上排龍先看全龍動不動也山之排法只論生旺一卦到來龍謂之墨著

旺龍只要来龍生得旺来龍生旺而諸福坐至矣這生旺
一卦有益於祖山入首者則生為吉也從来者從龍入首
處排起来者来山腦也經云認取来山腦山之卦系與水
之卦系不同山之卦系只取生旺一卦到来龍位上故曰
山上排龍有一局也　水裡排龍次察血脉認来龍也水
裡排龍一法只取一正到向零神到水是為零堂正向為
朱雀發源生旺氣也正神者乃天心正運一卦排到向上
謂之莝著天心旺向故水裡排龍又有一局也　山上排
龍先定来山也水裡排龍後定向也先定来山後定向先
看金龍動不動次察血脉認来龍也来山所受之氣與向

上所受之氣。分為兩局。故曰江東江西。曰山上水裡。曰龍山何水。註東西二卦。言山水各一卦焉。山上龍神不下水。山上排龍到來山。不可到水口。水裡龍神不上山。水裡排龍到向首。不可到坐山。以到坐山。即犯刹宮之患矣。即謂本山來龍立本向。反吟伏吟。禍難當。此兩局排龍之盟證也。

天玉曰。龍何所受之氣。分為兩局。又非截然兩路。故云先定來山後定向。聯珠不相放。內外接得奇（特）。即此之謂也。地理之書。汗牛充棟。獨於挨星一法。皆不肯明以告人。但此微露一二（另有口訣）未敢輕洩天機。恐傳非人（非忠孝人不可）致干造物

之禁

夫向乃穴之主腦吉凶萬端由此而出當迎生旺之氣逢生旺則休遇衰敗則咎向首一星分休咎向首一星禍福柄又云五行若然翻值向百年子孫旺加上元坎卦統運以貪巨祿值元之令星翻值向上相逢而來龍來水亦宜取旺氣相助龍要合向向合水水合三吉位故曰三合年中是也（中子辰之類也）向為天卦坐為地卦天卦地卦各有十道地卦十道一六二七三八四九各有相合或合五合十合十五之局天卦十道論星不論八卦干支論星體之一六二七三八四九卦中生旺之氣為正神衰敗之氣為零神宜

以天卦之法裝正神到龍向裝零（神）到山水正神到向為生
入零神到水為尅入經云雙山雙向水零神富貴永無窮
若水路屬正神則敗絶難免矣然龍與向以旺為旺山與
水以衰為旺為本山得元之旺氣到坐山即是反吟伏吟
有剋宮之患所謂剋宮者正是上山下水顛倒誤用宮星
受尅之剋宮也且挨星之法難以全美（有補救一法）如龍不當旺
而水來合運零神水到堂則以水制之如水不合運而龍
當旺則以龍化之如向不當元（而水來）富貴當元富貴立至將來
為生當元為旺生旺為正方去為衰衰敗為零將入元與
入元（者）為比合為進為相為催已出元者為退成功者退將

出元者為退為休生元者為照耳若不明進正相催四正神零照退休四敗神未可與言挨星也　經云明得零神與正神指日入青雲此挨星之妙訣也挨星者以八卦九星干支方位挨次推陳排列絲〻入扣始無罣漏之處倘不明此義只將剝換過峽高低起伏馬跡蛛絲草蛇灰線等字纏繞胸中則造化真精從何窺見乎

至於水之生旺乃玄空生旺（衰敗）之氣經云穴得水兮何畏風只向水神朝處取須看龍到頭所云到者正謂玄空生旺到水謂之到矣也乃空龍之妙訣也零神排到水口即是

處水神朝出取故當取用取此水神朝繞便為真龍憩息之際然非果得玄空之秘旨未可與言得水有水則八風頓息無水則四面皆風所謂氣乘風則散界水則止風水家學到挨星則事畢矣　明乎挨星之秘萬卷青囊付之丙丁亦不足惜也若不得挨星之真訣朝暮只向卷中搜求何異痴人說夢耳

若人求地不種德穩口深藏舌未觀山朝地先看堂下人自古大地龍神守晴師何必亂開口慎之慎之切勿輕洩自干造物之禁也

挨星玄空之訣未敢筆之於書其訣待師口傳心授可也

地學體用秘訣

看地尚易立穴殊難地理即易理日月二字合而為易易理即天地之理也地理亦天地之理也學地理必須向易卦中求取陰陽山水雌雄夫婦然後再看地學諸書方能入奧須知大莫於天地若不向易理去求取竟能言天地之道古今未有之事也若不明卦理之妙訣欲知真陰陽之交媾真雌雄之會合真山水之相配合何異痴人說夢耳地學之真傳要明師以星體為巒頭卦爻為理氣夫星體要分五行九星之形勢若不明五行九星之形勢認龍無從下手卦要分三元九運之興衰不明三元九運登穴無從

下手向之五行者陰陽二氣之精華散於萬象周流六虛
盈天地之內無處不有五行之氣無物不備五行之體看
地訣云尋龍認祖山金木水火土五行變九星無星不變
八十有　堪輿諸書有時不認體登山難下手此言五行
九星之形勢宜亟亟當認明分清也
形勢者木直火尖土方金圓水曲是也　訣云金星覆釜
兼偃月木星筍尖無差別水星是兼蛇纏腰火星稜角犂犁
頭鉄土為厨櫃如玉屏此是五行正體格正體之外有變
體变体八十有一局变体之中有名曰貪狼木星巨門土
祿存土兮文曲水廉貞是火武曲金破軍金兮左輔土右

獨太陽火之形五行之具取水土金為三吉而木火為形
所忌不入龍格然火星不入龍格取用火為廉貞只好與
行龍作祖山此星不取用其中又不可離也廉貞正體乃
五黄之變體也火為五行之變九星也而九星之中又有四
五吉四凶之分經曰貪武輔獨巨門龍方可登山細認宗
此五吉也破祿廉文凶惡龍世人宅墓莫相逢乃四凶也
又曰云五吉太陽與太陰紫炁天財巨門星結穴巒頭逢五
吉榮華富貴此中生太陽左輔太陰右獨紫炁貪狼金水
武曲天財巨门能明乎九星五行之形勢則辨結有有據
然後再講究卦爻破軍天罡祿孤曜廉貞燥火文掃蕩是

以勢佈方因方成形四勢有象八方有氣方稱吉兆夫八方之氣在卦爻中尋認卦爻之氣乃天地一元之氣周流六虛然有生成勿須人力而為八卦方位先天後天互為根源環相交合相濟為用得其氣運則生違其氣運則死蔣公謂卦氣之死絕實地理之大死絕也卦氣生旺實地理之大生旺也卦氣者乃天地之真氣(運)即玄空無形之氣耳能察無形之氣動而不息方謂之天光下臨地德上載謂之鍳蓍天心玄空大卦之妙用盡於此矣能知玄空大卦妙用之法方知天地之氣運實不出河洛之卦氣耳即經中所謂消長龍体於卦氣之中卦爻者無形之氣龍体

者有形之質靜而不移無形之氣動而不息能察無形之
氣能看有形之質得楊公看雌雄之法始體用也經云形
止氣蓄萬物化生即此之謂也
金星塋窩木塋節土星杵角水尋泡火星要塋火燄邊窩
鉗乳𡨚塋口始

五吉 貪狼木名曰紫炁 其形尖硬長　巨門土名曰天財 其形双腦兼四平

武曲金名曰金水 其形三腦如金富　左輔金名曰太陽 其形高圓覆釜金

右弼金名曰太陰 其形低圓帶方覔

四凶 破軍火名曰天罡 其形金頭火脚星高金架火名　祿存金火名曰孤曜 其形如掌拳星為大真也

廉貞火名曰燥火 其刑尖斜金頭 飛廉火脚　文曲水名曰掃蕩 其形斜武文曲空窩寡 純水 水星也

吉木星兼水兼於金土　金兼於水土

凶兼六害連水土頂連金土號勾陳太陽高窠號天刑 刑 [illegible]

破燥尖斜石焰猖土蓐帶木入火地打劫盃頭土星脚生多

脉流兩邊分[illegible]有分無合飄流散定出孤絕與道僧山龍

五星皆结地只云落頭一星辰　獨取火土金者大约迯祖支龍蜿蜒而下都结水体出洋幹结踴躍而起都作火土金雖不可盡拘而(大)体大致皆以是也大凡脉之初起非火即金以由金剛火烈風不能撓(水不能)漂水土金三者兼而吉者有之兼而凶者亦有之當看何者為本何者為形所兼何形勢取吉而不取凶不可固執以兼火看火在何方行龍祖脉[illegible](起)首何處則火催官為貴而不可兼火在本身與两砂[illegible]以兼水須看水在两砂環抱之间可取餘煌與[illegible]推求取用龍脉入首取火土金過峽起頂落頭一星结穴是也

三元奧妙訣

子午卯酉天元宮乾坤艮巽一路同左挨人元右挨地玄空妙訣在其中甲庚壬丙在挨天乙辛丁癸穴天然十二時辰本宮起陽干陰支亦同然

子癸並甲申貪狼一路行壬卯乙未坤五位是巨門乾亥辰巽巳連戌武曲名酉辛丑艮丙天心說破軍寅午庚丁上右弼一星臨水山星作主翻向爻（逐）神廉貞歸五位諸星順逆輪更有先賢訣空位忌（流）神翻向飛臨丙水口不離丁運退星不吉禍至起城門運來星更合百福又干禎衰旺多憑水權衡也在星水兼星又斷妙用許通神（星吉原来向星兼並星隨）流水

對宮旋（合得三元三吉位　福來急速禍不沾）但得（能）識得外水星收山出煞指為憑
黃公訣曰尋龍不易點穴甚難立向更難要得傳授之精
相地作重在龍與向兼左兼右要莫出卦若犯出卦必見
敗絕龍來兼左兼右立向亦然龍山向水歸宗一路合玄
空生成必是骨肉一家依此塟後丁旺財盛富貴可期如
差錯不但凶禍而絕敗難免矣故重龍與向後學者不可
忽也凡仁人孝子求地必先要求精師不可不慎蔣公平
砂玉尺經立辨三合偽法之非奈士夫不察耳青囊云龍
要合向向合水水合三吉位近來庸師不按經典不知易
理不投師不（訪）友自為精通便與人立穴（穴）定向自己捫心

自問亦默〻無言矣世之愚夫愚婦被他所惑若凶禍亦至只有痛哭而矣何不當初求其明師豈有痛哭者哉云云

赤脚道人受幕講師山水龍向秘訣

巽坤離分巽坤離山水龍向個〻齊乾震坎來乾震坎一家骨肉一家宜卦分艮兌添三合兩個東來兩個西此是玄空真妙訣切勿亂受洩天機

解曰先天之巽在後天之坤有未坤申三卦先天之坤在後天之坎有壬子癸三卦先天之離在後天之震有甲卯乙三卦皆巽坤離三大卦之大要也

又重復曰巽坤離非是言坐山也言水城也即論龍也先天之巽入後天之艮先天之坤入後天之離先天之離入後天之兌巽入艮坤入離離入坎而向亦同而向上是甲癸申子未卯坤壬乙也然不但出脉皆巽坤離也而剝換之龍亦不脫巽坤離也又不祇言龍與向也而水之去來城門亦在巽坤離之內也

後天坤山艮向則坤水要去先天之離亦可以出先天之坤也

後天離山坎向則坎水要去後天之坤亦可以出先天之離也

後天兌山震向則震水要去後天之巽亦可以出先天之巽也

龍亦巽坤離向亦巽離局亦巽坤離水亦巽坤離故曰山水龍向個

個齊此下元之局也

先天之乾在後天之離有丙午丁三卦先天之震在後天之艮有丑艮寅三卦先天之坎在後天之兑有庚酉辛三三卦皆乾震坎三卦之大要也

又重復曰乾震坎非言坐山也言向與水城也以先天之乾入後天之坎先天之震入後天之坤先天之坎入後天之震乾入坎則向上是艮丙辛午酉丑寅庚丁震入坤坎入震而向上亦同然不但出脉皆乾震坎而剝換之龍亦不脱乾震坎又不止言龍與向也而水之去來城門亦在乾震坎之內也

後天坎山離向則離水要去後(天)之乾亦可以出先天之震也
後天坤山艮向則艮水要去後天之坎亦可以出先天之坎也
後天震(山)兑向則兑水要去先天之震亦可以去後天之乾也
龍與(亦)乾震坎向亦乾震坎水(局亦乾震坎)亦乾震坎故曰一家骨肉一家宜此上
元之三局也
先天之兑即後天之巽也先天之艮即後天之乾也乾非兑龍不
貴其曰 三合 又曰兩個東來兩個西
以乾兮西卦內有申子辰巳酉丑一局故曰三合兩個西也
以巽兮東卦內有寅午戌亥卯未一局故曰三合兩個東也
巽水當令巽水要去(則)先天之坤亦可以出先天之離也

乾水當令乾水要則去後天之離亦可以出後天之兑也
巳向則龍宜酉丑以挨之　辰向則龍宜申子以挨戌之
戌向則龍宜寅午以輔之　亥向則龍宜卯未以佐之
其水之出口則照乾巽丙卦之宜此中元之局也
其所以各有分屬此皆龍要合向向要合水水要合三吉位
然此乃為全美之地也非有大德者何能遇此全美哉
其地理之作用重者龍也向也水神也龍之星峯秀美起
伏端嚴過脉迎送有情疊肥入穴節節行來不雜他卦
峦頭得宜理氣得旺此大地無疑矣向也者禍福之柄
也立向要認城門玄空挨星全龍亦在其中矣

龍與向以旺為旺山與衰為旺切不可顛倒悞用否則禍福踵矣

經云向首一星分休咎此龍向之衰旺乃元運之論衰旺非三合家用長生帝旺衰墓也謬矣而龍山向水定富貴之根本又為禍福之門墻仁人孝子不可不慎但要精以誠之訪求明師方可盡人子之道二免受庸師之害也

金龍水口解

水口必用兑二者金龍之所出也蓋天地定位而後山澤之氣不通雖有男女之名而無夫婦之實何以宏生育而成天地之功用乎自山澤一通兑艮上爻交而兑為純乾艮為純坤坎離中爻交離為純乾坎為純坤震巽初爻交巽為純乾震為純坤金龍出於兑非其明徵乎知金龍則知水口矣天下之水盡於東南兑位存焉兑反則為巽矣者震之對震反則為艮故用兑而兼用巽震艮者兑巽用於當元而震艮用於失元則以卦有反正水有順逆一山兩用兩者玄妙出焉

訣曰知妙道左右玄關同一竅言一山一竅而分兩局神明變化而不窮以水言也世傳蔣氏四十八局以山言必是後人僞託決非中陽之書而青囊序言云先看金龍動不動次察血脉認來龍奧語云認金龍一經一緯義不窮不知金龍則不知水口定卦挨星何所據而施妙用乎

易曰大哉乾元萬物資始又曰乾道變化各正性命又曰六位時成乘六龍以御天大哉金龍與時偕行與時偕極非天下之至神孰能與於期言地理而及至此矣哉

地本實而不空理至顯而非玄玄空之說奚為哉不知地統於天天本空也故地之氣與天通天本玄也故天之氣

與地應一通一應闔闢相循玄者非玄空者非空矣然一通一應變化不居則不玄而又至玄不空而又至空矣輝山先生法鑑之作其即斯言乎觀其演圖晰義曰雌雄曰元運曰金龍曰挨星執其義以求之理本幽深也遺其象以求之學無宗主道至實而至虛理愈顯而愈微此玄空之妙諦也其業斯道者精以求之神而明之宗旨於以得百二十家之說可不辨而息矣昔孟子之闢異端其功不在禹下吾謂法鑑之作其功亦不在楊蔣之下也

此理以三卦為宗三卦以玄空為主也玄空之旨不明則三卦之用必舛而地理之學不真蔣氏辨正一書其名不

在楊曾之下惜其詞簡而義晦閱者從暗處摸索了無確據而三卦之害更甚於三合為可恨也（故乾坤法竅辨正補義辨正解疑等書接踵而起人人在言玄空實人人不解玄空）余鄙性好談山水每遇名勝及前人名墓古跡不憚登涉考證有年所以近奚安厝窀穸不敢安之庸師致探玄空之奧以從事若為諸家邪惑莫定旨歸幾致廢書而退壬辰適青城輝山夫子振鐸中川謁誠請教猥蒙不棄辨其訛謬示其真詮始知玄空的解本儒家太極之精即仙佛正道之源實地理無上之義歷代名師所以秘密而不肯洩者也今且著而為書正示天下之讀青囊天玉寶照而不得其解以圖盟証以註合圖得此編不第迷津之寶筏開覺路之

精純不但有功於辨正其造福於天下後世不尤博哉一幸與校仇之未敢掇数語以告授受有自云爾

金龍水口一章解明玄空挨星之秘訣然此水口非河水溪溝流出之水口又非湖海大江大河之水口學者切莫誤認而三合家論溪溝乾流河水流去便言水口又以龍虎之砂頭以為收水立向實在舛謬之極矣又言某方來水為吉某方來水為凶某方去水又凶用箕法之長生沭浴冠帶臨官帝旺衰病死墓絕胎養以作立向收砂納水真是誤盡天下仁人孝子受誣不淺矣

而三合妄解水口為辰戌丑未是四大水墓庫水口便為吉

殊不知謬者（之謬）也者也斷非有格（板）死法之水口而論砂頭爲
水口真是錯悞不止千里者也
地理之水口是玄空金龍之水口無形之氣無形之跡奇
偶闔闢交媾之水口城門（之）訣能識則水口之訣亦得矣

第一龍相秘訣

後天乾龍立坎山離向先天乾坤後天離坎為乾入坎天地定位謂之乾坤交也　故曰一白離九是朝宗

後天坤龍立離山坎向先天坤乾後天坎離為坤入離同上　故曰坤宮坎卦一脉通

後天震龍立坤山艮向先天震巽後天艮坤為震入坤雷風相薄謂之震巽交也　故曰天三地八是為朋

後天巽龍立艮山坤向先天巽震後天坤艮為巽入艮同上　故曰巽龍入脉要坤宮

後天坎龍立震山兌向先天坎離後天兌震為坎入震水火不相射謂之坎離交也　故曰坎脉出時來朝兌

後天離龍立兌山震向先天離坎後天震兌為離入兌同上　故曰離九來龍穴向震

後天艮龍立巽山乾向先天艮兌後天乾巽為艮入巽山澤通氣謂之艮兌交也　故曰天七地四氣相通

後天兌龍立乾山巽向先天兌艮後天巽乾為兌入乾同上　故曰山澤通氣天地定

此以先天為體後天為用體用生成之象兼收其妙用乎
叅伍錯宗河洛呈明龍山向水歸宗一路不離他卦便是
一家骨肉一卦純清如此則富貴可期矣若一出卦雜犯
他卦則禍旋踵矣是地理之玄妙太深故要得其真傳方能
入奧者也

八神水法秘訣　以待口傳不敢筆之於書

金龍　雌雄　玄空　挨星　城门　太歲　歲煞　零正
元運　八神　補救　調遞　起星　下卦　順逆　分星
顛倒　巒頭　理氣　往來　體用

以上諸法秘訣以待口傳

天卦六合式

龍水合十　龍向合五　山水合十五
卯龍三　艮山八　坤向二　酉水七
龍山為朋　山向合十　◎　向水為同道

地卦三合式

龍向水合十五　龍山為朋　山向合十
寅龍八　乙山三　辛向七　申水二
向水為同道　龍水合十

天卦六合式

龍山為友　龍水合十　山水合十五
辰龍四　丙山九　壬向一　戌水六
向水為宗　山向合十　龍向合五

地卦三合式

山水合十五　山向為朋
辰龍武　丙山輔　壬向祿　戌水破
向水合十　此變局者是也

玄空三卦只用一卦八卦只有一卦通通九世貫無窮龍向所乘時一卦以通三卦之義也一卦通者天心斗柄所指正運一卦即謂之乘時一卦用得此一卦零堂正向天心十道可以自明矣斗柄之訣另有口訣

秘密

天卦六合式

山水合十五　向水合五合十
寅龍弼　乙山輔　辛向祿　巳水破
龍向為友　變局者此也

經曰水是山家血脈精蓋言觀水來是何方即可知龍來是何方正合天下山〻多順水必是行龍之本體乾坤艮

天

人

地

丑艮寅 未坤申 戌乾亥 辰巽巳

壬子癸 丙午丁 甲卯乙 庚酉辛

巽龍仍納乾坤艮巽水余圖見

世人看山看水亂斷災祥並不細察龍身觀其來脈亦不明經中所云先識龍脈認祖宗認取來山腦之語俗師相悖乎遠矣故特指城門一訣分定龍向圖以便收山出煞立向趨消納趨吉避凶之妙用也取龍要合相向合水水合三吉位也

能知山情與水意玩水觀山有主張

八神總論秘訣

天玉曰卦內八卦不出位代代人尊貴八卦者正進相催零照退休之八神也不出位各得其宜之謂也元運所主之卦為正神所向之卦為零神元運同宮之卦為照神所向之卦為催神元運將至之卦為進神所向之卦為退神元運漸至之卦為相神所向之卦為休神此八神者四個為同氣而歡其來聚四個為雜氣而不歡其來浸也天地間八方皆其氣何能歡其來聚則招之來聚不歡其來浸則使之不得浸也此之水則為功大矣

如上元一白當令決必取離方水者因天元之金以生天一之水又取其能界正神之旺氣使之聚於明堂而不散更取其界九紫之雜氣使之出於局外而不入天一生水地六成之故六白乾為照神照神必需水者因取其能

遇正氣一白之氣使之旺於局中而不雜更能界四綠催神之元氣使之
輔助佐元氣元運而有也其坤為進神震為相神元運將至之卦
也所向之兩卦即為退休退休必需水者取其能界進相之旺氣使之
休退於局外而不能浸然正神之水即為正煞催神之水為催煞進神之
水為大煞相神之水為煞（惡）斷不可有水倘此四卦有水即為煞水而零神之
水即為正吉照神之水為助吉退神之水為進吉休神之水為相吉斷不可
缺乎水者天玉曰八神之分類豈可忽哉
天機之妙用四卦管山　而用四卦管水
其訣以待口傳

千金秘訣

地理之道陰陽二字而矣夫初先明對待陰陽之法以先天為體後天為用是諸仁藏諸用範圍天地而不過曲成萬物而不遺一陰一陽之謂道此陰陽縱伏羲圓圖洛書中流行分出者也

如上元後天坎坤震即先天巽坤離以一二三為正神為真陽為龍為山上龍神為特乘六龍以御天之龍為天地之玄關為萬物生生之橐籥也此真陽一路要風要出水遠要遠處有峯巒友是即為煞

後天巽中乾先天兌中艮以四五六為煞一路要後天兌艮離先天乾震坎以七八九為生一路為真陰為水裡龍神此真陰一路要水要近處之峯巒友是即為煞

中元後天巽中乾先天兌中艮前三十年以巽四為正神後天坎坤震先天巽坤離以一二三為旺為真陽為真龍為山上龍神為時乘六龍以御天之龍為天地之玄關為萬物生生之橐籥也此真陽一路要風要遠處之峯巒要出水遠反是即為煞

後天兌艮離先天乾震坎以七八九為生一路後天乾先天艮以六為魁為真陰為水裡龍神此真陰一路要水要近處之峯巒反是即為煞

中元後天乾先天艮後三十年以乾六為正神後天兌艮離先天坎震乾以七八九為旺為真陽為真龍為山上龍神為時乘六龍以御天之龍為天地之玄關為萬物生生之橐籥也此真陽一路要風要出水遠要遠處之峯巒反是即為煞

後天坎坤震先天巽坤離以一二三為生一路後天巽先天兑以四為尅一路為真陰為水裡龍神此真陰一路要水要近處之峯巒反是即為煞

下元後天兑艮離先天坎震乾以七八九為正神為真陽為真龍為山上龍神為特乘六龍以御天之龍為天地之玄關為萬物生生之橐籥也此真陽一路要風要去水遠要遠處之峯巒反是即為煞

後天坎坤震先天巽坤離以一二三為生一路後天巽中乾先天兑中艮以四五六為尅一路為真陰為水裡龍神此真陰一路要水要近處之峯巒反是即為煞

此最要交媾陰陽此陰陽即是真陰真陽上分順逆顛倒坐向雙雙起之法也

以八宮掌訣為用如坐的是真陽即順挨向上是真陰即逆挨其顛倒之法向上陰星移坐上逆挨無潮水者反是此為交媾陰陽乃無形中之太極也

以向為主向有潮水坐陽則將陽移坐上順挨向上是陰星則將陰星移坐上逆挨

其有順逆顛之倒之之法別有活機以待口傳

零正秘訣 論照神看五行三元九運定局口訣

一二三七八九山情水意兩相扭七八九一二三山情水意盡相關更有五黃兩下齊四在東来六在西

零正二神說天玉曰陰陽二字看零正坐向須知病若遇正神正位裝撥水入零堂零堂正向須知好認取来山腦水上排龍點位裝積谷萬餘倉

又云明得零神與正神指日入青雲不識零神與正神代代絕除根是零正之總說實為地理家第一關竅而解得絲絲矣然莫知其底蘊而天機不致洩此輕洩然究竟何嘗不已盡洩哉既曰坐向須知病又曰若遇正神正位裝撥

水入零堂是明〻示人以正神之對面即是零神但未真
告人以正神之訣並正神乃元運所主之卦也
上運一白主運坎為正神而謂零神不在離宮之九紫乎
故曰双山双向水零神富貴永無窮又以撥水入零堂者
同一訣也　而示以零神之需水故又接之曰若遇正神
須敗絶正神遇水洩氣此即正神始成龍之柱脚耳既有
正神即有照神而天玉未嘗言及此者又昌取乎照也盖
河洛圖一生一成相為經緯如天一生水地六成之坎為正
神則乾為照神一六共宗理固然也既有照神即有催神
照之所以能聚正神之氣催之所以能壯照神之威零之

所以能審正神之精照神又所以遇催神之靈也訣曰正
貴寗零貴精尚其實也
論照神生成之法看五行秘訣
金星無面為天罡木無頂節為祿存水散無泡為掃蕩火
星高聳為廉貞土鬚下界為狐曜（金局巽癸艮甲木局丁坤庚火局辛乾壬水局乙巽丙）
乾遇巽時為月窟地逢雷處見天根天根月窟常來往三
十六宮都是春
河圖洛書相為表裏先天後天體用立行而運出焉蓋先
天分四陽卦為上元
上元一白當令必需離方金者離為先天乾位乾為父故

為第一而一六共宗故六白乾為照神

上元二黑當令必需艮方土者艮為先天震位震(為長)男故為

第二而二七同道故七(赤)兌為照神

上元三碧當令必需兌方水者兌為先天坎位坎為中男

故為第三而三八為友(朋)故八白(艮)為照神

中元四綠當令必需乾方水者乾為先天艮位艮為少男

故為第四而四九為友故九紫離為照神

中元六白當令必需巽方金者巽為先天兌位兌為少女

故為第六而一六共宗故一白坎為照神

下元七赤當令必需震方木者震為先天離位離為中女

故為第七而二七同道故二黑坤為照神
下元八白當令必需坤方火者坤為先天巽位巽為長女
故為第八而三八為朋故三碧震為照神
下元九紫當令必需坎方水者坤坎為先天坤位坤為老母
故為第九而四九為友故四綠巽為照神
蓋上元陽卦先長而後少下元陰卦先少而後長先天至
而後天不至其效如神後天至而先天不至其驗莫應如
坎一取盡九水則先後天皆合
本元本運為生龍催運為旺龍本元未交之運為平龍生
元當煞之運為死龍未交當煞之運為困龍　如上元一

白當令顛倒輪之以六白為催吉四綠木為催煞兌艮二
水為平龍坤震二水為困龍餘可類推矣
大約四吉上元屬震艮坎乾之水　四凶巽離坤兌之水
下元反是
上元一二三運必是七八九之水下元七八九之運必是一二三之水也
中元四五六五黃運前三十年寄於四綠之地六白屬水後三十年寄
於六白之地四綠屬水分屬上下兩元名為之曰三元實則上下兩元耳
河圖洛書以五十居中而九宮以五黃居中謂之曰黃極凡立穴定向
務要收五黃所到之水以五黃居中為主主能領袖八方也
上元一白當令即以一白入中　調佈五黃在九故收離水則吉耳

下元七赤當令即以七赤入中調（佈）五黃在三故收震水則吉耳

中元五黃當令寄旺坤艮辰戌丑未五黃在中調佈此六方其餘可類推求必可得也此謂過補救之秘訣也

三元九運興衰成敗之局

上元 甲子

首二十年坎卦一運主氣坎局龍穴砂水吉凶於斯而見

中二十年坤卦二運主氣坤局龍穴砂水吉凶於斯而興

末二十年震卦三運主氣震局龍穴砂水吉凶於斯而發

中元 甲子

首二十年巽卦四運主氣巽局龍穴砂水吉凶於斯而見

中二十年中土五運主氣　其龍穴砂水吉凶分於上下兩元上元龍穴在中元中運中元首運末常不發也

末二十年乾卦六運主氣乾局龍穴砂水吉凶於斯而發

下元
甲子

首二十年兑卦七運主氣兑局龍穴砂水吉凶於斯而見
中二十年艮卦八運主氣艮局龍穴砂水吉凶於斯而發
末二十年離卦九運主氣離局龍穴砂水吉凶於斯而興

其有中元分屬上下兩元用事前三十年寄於東
後三十年寄於西而吉凶仍隸四五六運中推算
者也

三元運法秘訣

上元吉向貪巨祿即中末三元運也前三十年一元運中二十年二元運末二十年三元運元運以地盤一二三統運向則以天盤之運所定一二三為吉故云龍與向以旺為旺山與水以衰為旺惟有挨星為最貴　中元吉向文廉武即四五六也　下元吉向破輔弼即七八九此是五行根源大祖宗不是取有形可見有跡可尋之二十四山分五行者也乃從玄空大卦雌雄交媾真陰真陽分五行也九星即挨星也挨星雖有定例然起星有殊耳如坤壬乙各為一例非盡巨门也二十四山有龍挨星一例有向

挨星一例背須依例起排故曰双〻起看挨得何星到龍山挨得何星到向水在龍在向均要取五吉之氣故云龍要合向水合三吉此之謂也而龍向挨星有順逆之不同有龍順向逆有龍逆向順有龍向俱順有龍向俱逆各得其時此一山兩用故云双〻起此破順逆顛倒之用者也寅申巳亥人元來乙辛丁癸水來催又云寅、申巳亥騎龍走乙辛丁癸水交流辰戌丑未地元龍乾坤艮巽婦夫宗甲庚壬丙為正向脉取貪狼護正龍楊公說個團〻轉一左一右兩〻張明〻指出夫合婦有個単跡便是双恰合二十四山双〻起之意耳

三元龍山向水秘訣　附圖局立向

壬子癸龍立戌乾亥山辰巽巳向　父母卦　巽風吹也

甲卯乙龍立丑艮寅山未坤申向　天干龍　地支向

丙午丁龍立辰巽巳山戌乾亥向　父母卦　天門乾上

庚酉辛龍立未坤申山丑艮寅向　天干龍　地支向

天元龍為父母卦　南北八神　子午卯酉　乾巽坤艮　兼乙辛丁癸　天元卦所取天開於子之義

人元龍為江東卦　寅申巳亥　乙辛丁癸　兼甲庚壬丙　人元卦所取人生於寅之義

地元龍為江西卦　辰戌丑未　甲庚壬丙　兼乾坤艮巽　地元卦所取地闢於丑之義

子午夘酉龍立乾巽坤艮穴向收子午夘酉水
乾巽坤艮龍立子午夘酉穴向收乾巽坤艮水
辰戌丑未龍立甲庚丙壬穴向收辰戌丑未水
甲庚丙壬龍立辰戌丑未穴向收甲庚丙壬水
寅申巳亥龍立乙辛丁癸穴向收寅申巳亥水
乙辛丁癸龍立寅申巳亥穴向收乙辛丁癸水

天元一家骨肉
地元一家骨肉
人元一家骨肉

此天地人三元配成二十四山二十四山又各隸一家
九星亦各隸一家上中下之三元無不各隸一家矣

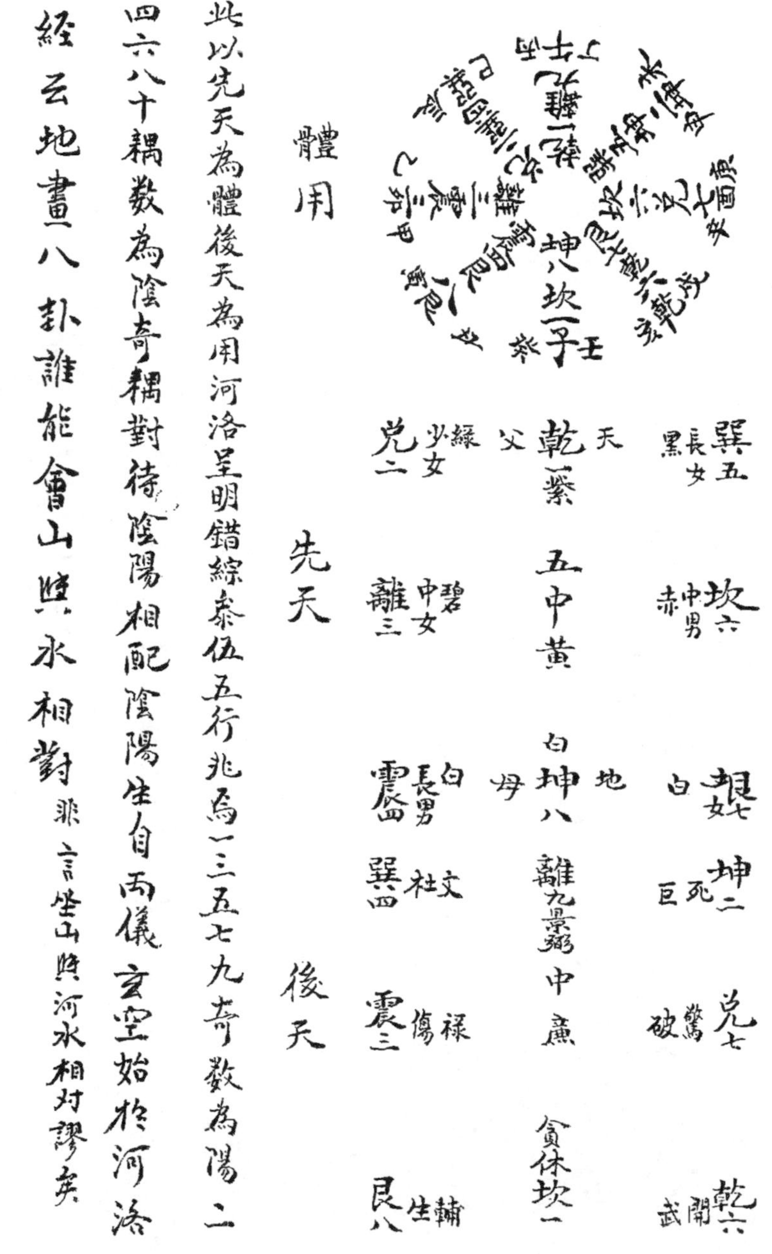

體用

先天

兌二 少女 綠	乾一 天 父 紫	巽五 長女 黑
離三 中女 碧	五中黃	坎六 中男 赤
震四 長男 白	坤八 地 母 白	艮七 白

後天

巽四 文 杜	離九 景 弼	坤二 死 巨
震三 祿 傷	中 廉	兌七 驚 破
艮八 輔 生	坎一 休 貪	乾六 開 武

此以先天為體後天為用河洛星明錯綜參伍五行兆為一三五七九奇數為陽二四六八十耦數為陰奇耦對待陰陽相配陰陽生自兩儀玄空始於河洛

經云地畫八卦誰能會山與水相對非言坐山與河水相对謬矣

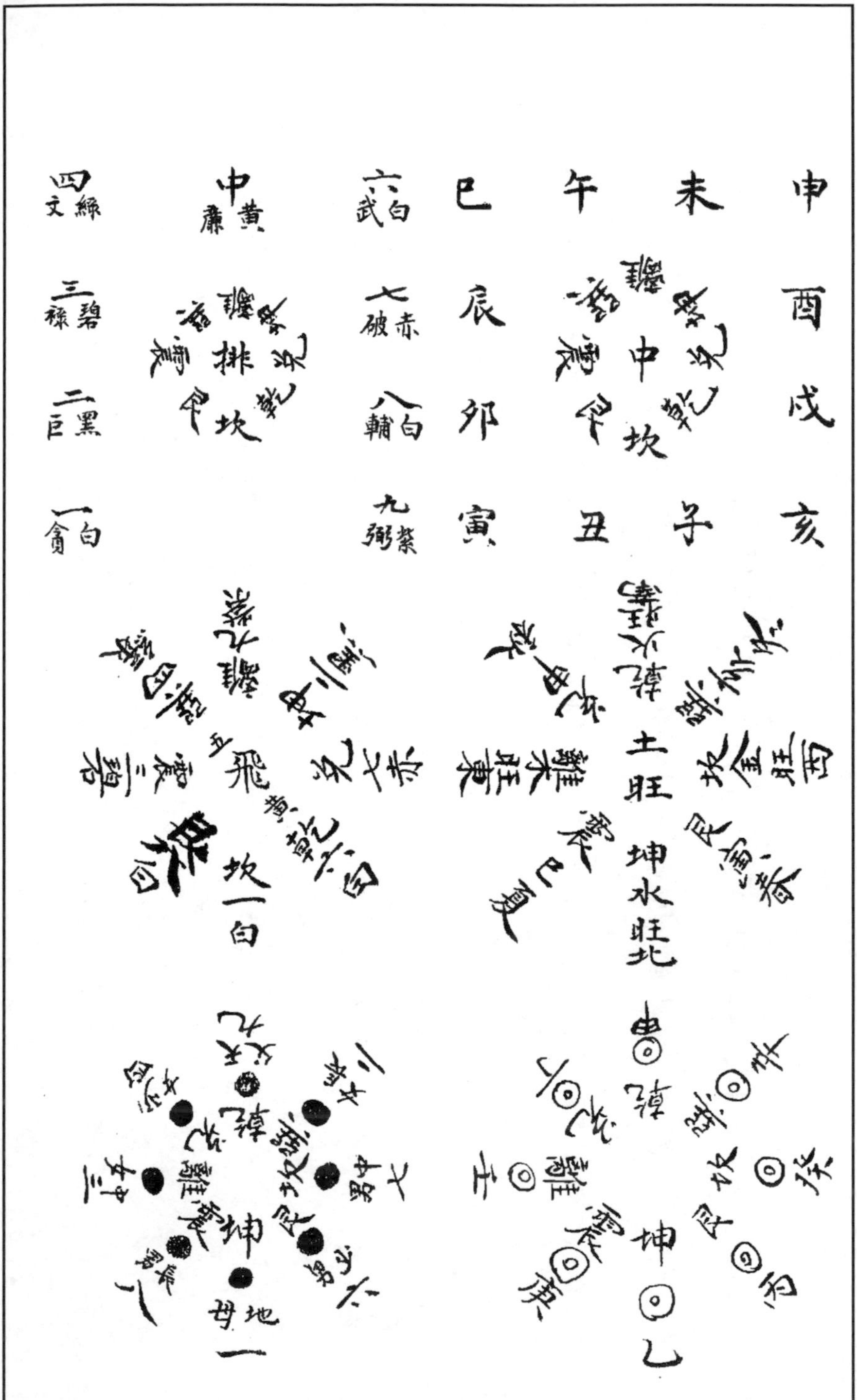

申	酉	戌	亥
未			子
午			丑
巳	辰	卯	寅

六白武	七赤破	八白輔	九紫弼
中黃廉			
四綠文	三碧祿	二黑巨	一白貪

三元調遞紫白年上逆佈順飛之訣

上元甲子六十年從一白坎卦起甲子　一坎

中元甲子六十年從四綠巽卦起甲子　四巽

下元甲子六十年從七赤兌卦起甲子　七兌

康熙二十三年甲子為上元乾隆九年甲子為中元嘉九年甲子為下元同治三年甲子為上元

訣云上元甲子一白起中元甲子四綠推惟有下元從七赤逆行数去中宮歸

排山掌上仔細詳

三元月上調遁紫白逆佈順飛之訣

子午卯酉年從八白艮卦起正月　八艮

辰戌丑未年從五黃中五起正月　五中

寅申巳亥年從二黑坤卦起正月　二坤

逆佈順飛如子年八白正月七赤二月調入中宮順飛餘倣此

三元日上調遁紫白順佈順飛冬至陽局之訣　一二三四五六七八九

冬至 大寒 小寒 立春 四節炁為上元從一白坎卦起甲子　一坎

雨水 春分 京蟄 清明 四節炁為中元從七赤兌卦起甲子　七兌

谷雨 小滿 立夏 芒種 四節炁為下元從四綠巽卦起甲子　四巽

三元日上調遁紫白逆佈順飛夏至陰局之訣

夏至 小暑 大暑 立秋 四節炁為上元從九紫離卦起甲子　九離

處暑 白露 秋分 寒露 四節炁為中元從三碧震卦起甲子　三震

霜降 立冬 小雪 大雪 四節炁為下元從六白乾卦起甲子　六乾

三元時上調遁紫白順佈順飛冬至陽局之訣

冬至孟上子午卯酉日從一白坎卦起子時　一坎

冬至孟中辰戌丑未日從四綠巽卦起子時　四巽

冬至孟下寅申巳亥日從七赤兑卦起子時　七兑

三元時上調遁紫白逆佈順飛夏至陰局之訣

夏至仲上子午卯酉日從九紫離卦起子時　九離

夏至仲中辰戌丑未日從六白乾卦起子時　六乾

夏至仲下寅申巳亥日從三碧震卦起子時　三震

時師有多少不知紫白之吉凶但知紫白為吉黑綠為凶惟不知生尅用之故凶而妄用紫白豈不悞人而自悞也余特指出吉凶願後學者同志者記在胸中而知貴重妙用也　一白到離須不吉二黑還從坎中凶三碧四綠坤艮忌五黃八白巽上凶六白七赤震巽忌九紫相刑乾兑宮白中有煞少人知多少時師會不通但得到山有生炁黑白碧綠有何凶八方切忌五黃到煞中惟黃禍更凶一白水兮八白土六白金兮九紫火相生相合為上吉相冲相尅為休咎紫白乃是玄妙理十

個時師九不取能明生旺與退機扶難救貧勝千里如坐之龍山有生氣用之天星有吉星亦不必拘泥惟五黃坐山決不可用如正用大忌兼用不忌

尋適男女命伏位星宮訣

捷訣甲子法順逆旬六甲甲子甲戌甲申甲午甲辰甲寅一四七宮男逆起五二八宮女順推男五寄二女寄八甲子週流本宮尋上元甲子一宮起中元起巽下起兑上五中二下八女男逆女順仔細推排山掌中兩邊分上中下三元男逆女順排

六白乾金武曲　七赤兌金破軍　八白艮土左輔　九紫離火右弼

五黃中土廉貞

四綠文曲巽木　三碧祿存震木　二黑巨門坤土　一白貪狼坎水

一三五七九奇数屬陽　二四六八十耦数屬陰

巽五　坎六　艮七　坤二　兌七　乾六

乾一　中　坤八　離九　五中　坎一

兌二　離三　震四　巽四　震三　艮八

此輔相裁成之法有回天改命之功龍山向水不全當用人工輔相裁成以補之若天改命非大德者不能何也天與人無間耳

天一生坎水地六乾成之地二生（坤）火天七兌成之天三生震木地八艮成之地四生巽金天九離成之天五生土地十成之

此法看何星入中宮為起例到本卦為止以生魁為吉凶假如乙酉年即以七赤入中宮八白在乾土與金生九紫在兑火與金魁一白在艮水與土魁二黑在離土與火生三碧在坎木與水生四綠在坤木與土魁五黃在震土與木魁是為大煞而東方不宜修造埋葬乃係五黃坐山故也六白在巽金與木魁如此則吉凶明矣其餘儆做此類推也

五黃入到中宮則八方皆吉何也九宮八卦緐垣故吉

先天八卦次序

乾兑成於老陽　坤艮生於老陰

坎巽成於少陽　離震出於少陰

後天八卦次序

乾為父

坤為母

震坎艮為長男中男少男

巽離兌為長女中女少女

乾為馬首坤為牛腹坎為豕耳

離為雉目艮為犬手震為龍

巽為雞股兌為羊口

此遠取諸物近取諸身之義耳

九星斷驗秘訣

貪武輔弼巨門龍方可登山細認宗水聚山朝皆有地破祿廉文凶惡龍世人墓宅莫相逢若然誤作陰陽宅縱有奇峯到低凶

五吉太陽（左輔）與太陰（右弼）貪狼（紫炁）巨門（天財）金水（武曲）星結穴巒頭逢五吉榮華富貴此中生更有天罡（破軍）並孤曜（祿存）文曲掃蕩燥火（廉貞）星此是四凶休下手誤作禍來相浸

貪狼砂水繞明堂百事順利大吉昌水到五六代之發老幼人財盛豐光甲子辰年大富貴牛馬田園滿山崗不守元（凶）數朝外走家中財產如雪霜兒孫腫脚與癆疾風光月

色出少亡

巨门有水入明堂流來流去福壽長家財日增人欽仰富貴永遠發千祥去來浩ゝ朝堂局官高祿厚顯文章不信但看龍虎榜盡歸元運熾爾昌 巨门水去來皆吉

祿存砂水怕當頭金銀財產不存留煞（到）竟暈烟瘴外水来家業盡行丟申子辰年遭破敗無故頻被賊盜偷巳酉丑年遇瘟火孤公寡母哭啾ゝ家中老幼多暗疾縊溺產婦禍不休虎咬蛇傷霹靂震做官假印不出頭文曲砂水入明堂小子年ゝ落殃（禍）水到砂來發不久跛脚瘋癩喪黃梁財產退散根不在寅午戌年禍更彰申子辰年大不利亥

夘未年縊溺亡失血等症坟宅出孤公寡母坐高堂家中無禮人淫亂縱有詩書也不強

廉貞砂水不為乖混文斜飛起火災膠下兒孫多怪病氣蠱瘋癲跛足来尅妻損子刀兵禍縊溺相連女墮胎退財傷目災更毒狂死蛇咬入门来

武曲砂水似奔騰少年平步入青雲人財田地年年進犧牲六畜定成群出人聰敏神童子一覽無餘貫古今試看滿朝諸子貴一半屋基一半坟

破軍砂水催坟庭官災疾病損人丁縱有詩書伶俐子一到成名便喪身年逢凶耗家財盡賭博迷途不顧親水到

充軍遭跛癲直入欠債不還人更遭啞聾並六指異端邪
説跟衙門
輔星水（砂）聚面前積谷成倉有餘錢更有功名官職顯財源
滚滚起連年貴来朝中登金榜富勝陶朱阡陌連但看何
年消歲煞那時富貴丙兼全
三元有水挨弼星灣灣曲曲朝坟庭出人清秀兼聰慧常
有科甲發年少朝庭受職顯忠臣壽如松柏永長春只因
收起學堂水富貴雙全誰箇明
失爻夫婦水冲纏早早養媳不生男縱然養活三五歲不
覺一夢入黃梁桑折私約風抱綁痰病癲狂最難言婦（人）多

疾停月信一紀二紀絕人烟

得元正配向明堂福壽康寧大吉昌金銀豐滿萬事足丁

糧日進廣餘藏文阁武候傳千古清白聲威達遠方子阮

超群孫援萃孝子賢孫振邦〔家〕

失元夫婦有水朝定主富貴永不招行兇性悪禍常擾向

罪充單千里逢任他弱輩花前鬧等閒一旦似雪消假意

饒撐立家道怪疾頻来惹禍苗

立宅安坟要合龍不須擬對好奇峯夫婦混交失真宗綅

是吉地也成凶

貪巨輔弼武等吉破祿廉文豈盡凶九星吉凶朝元數用

宮用度有神通我今將訣傳與汝扶難救貧福無窮
此九星之用吉凶應驗如響但要識元數若不識元數則
吉凶不但不應而無確據矣其用星用宮之訣以待口傳
先師告誡不敢必（筆）之於書庶免浪洩天機犯造物之禁耳

經曰惟有挨星為最貴洩漏天機密此訣不能輕易傳人恐犯造物之禁岳有三合家冒稱亦講挨星東扯西挪說怪盲談真是痴人在說夢話耳如何挨法如何叫做吉山挨星之道玄空之奧也挨星之學地理之畢事也

在田識

三元旺位陰陽二宅秘訣

门為宅骨路為筋筋骨相連兩脉匀若是吉门兼惡路酸醬四配不可堪內路當兼外路看宅深路須掭门搁外路迎神並界氣迎風界氣兩重關

論房神祠理更深廣门室门路當先支婦內房宜靜重陰陽配合宅根深陰基陽宅多兒孫陰陽亂氤養其身偶橋

居並寺家館庵堂兵火有神靈觀看三生有旺氣吉凶出
響不容情透出此卷通三宅一到人家知廢興
墓宅吉凶較量看新墳舊坟也相參宅墓兩興宜鼎盛墓
凶宅吉眼前歡　太陽頭上高聳出星之穴旺人丁形出
覆鐘千口發帶煞刑傷不久成穴生窩鉗名聞■富貴榮
華斗量金正体金穴無化氣純陽主孤貧賤生大開窩鉗
垂乳突陰陽相配玄妙生純陰傷長子純陽少男亡（在星体形勢而論也）
太陰圓潤又微抵梭子蛾眉彎紫微穴好女人多發福帶
帶煞刑傷有敗絕有救依然多子發同宗生子乃為宜穴
與太陽為一体參詳相配覓仙機

木星貪狼紫炁生出人長瘦旺家門豎立倒地一樣看鉗濶旺財人不興穴宜節抱開微口貴產英豪堆玉金又有三停上下穴須憑龍虎要相登大開鉗口生乳突陰陽相配貴無疑

土橫方正巨門星穴吉生財又發丁肥矮之人家大富開窩無救總絕浸穴像乳突生火角發福生人大貴興火角若無攝土富出愚蠢貴不生

金水武曲後代興穴乘乳突早登朋只因腰短多清秀富貴綿遠無凋凌前官不見後鬼星只因峯峦死又生一代為官二必絕後來又見一官星尤有板鞍同一訣吉凶貴

賤此中論定主双妻双中舉富貴榮華世代尊陽若有窩
血包精血若包精乾道成血若參差不應脉精血不貫假
交成陰中有坦精包血造化無差坤道成衆脉陰陽要交
媾能明此理便是仙
龍真穴的若無躍穴有星峯層疊照自然積玉與堆金兒
孫科甲發年少去來城門三五臨兒孫定主國王親遠朝
不怕冲天半近案猶嫌過腦肩
穴分四象穴形定也然非真砂夾輔真水以界合則生氣
亦散漫融結不真何也土乃氣體氣乃水之母有土斯有
氣有氣斯有水水行則氣行水止則氣止水散則氣散水

聚則氣亦聚矣子隨母之義也

氣外橫行內氣生陰陽二字最難明誰知其中造化精陰乳恰似男子樣陽窩偏是女子形似男陰乳體傳首似女陽窩莫破唇土宿羅紋來鎮穴天機到此合乾坤

以高為陰以低為陽峻逼為陰平坦為陽覆為陰仰為陽突為陰窩為陽乳為陰鉗為陽靜為陰動為陽（非山靜水動者謬矣）

實強主不對終久是虛花滿山朝拱有情定主為官秀麗左生右死定知在任無祿前陽後空定是為官不祿大樓並聳出烈士以封侯屏獨高登而拜相陽星品列定產八位公卿祿星双夾必出三朝宰相御簾下貴人高聳身近

龍顏簾下伸足平坦名登鴈塔貴龍疊〻為刺史之官寶
塔巍〻必作皇家貴職三軍陣〻起決生將相雄才七星
龍列定出三公之貴五星聚講後世台閣宰相太陰高大
女作皇家貴妃双木夾土男為御殿名留木星頡疊世代
官居縣令金鎗帶火定為大將英雄覆釜三金必出府尹
之職走馬串珠作大官而綿遠木火並秀翰院文宗水木
並行出吏官之貴土木之兆出烏台刺史龍身帶劍定有
三元同登石笋冲天出神童宰相金水連疊為知府叅政
倒地貪狼必有吏官居省三金遇火決為兵部刑權三台
連輪狀元榜眼探花三台筆架聳樓台定出兩都御史木

火疊疊必出宰相三公水星重重定為府知州五七廉貞
高聳決生宰相簾下貴人定為六部太子金土重重無火
定出巨富朶土石笋兆侍郎尚書之職峦金峦土必出愚
蠢之富 俗曰老牛筋也

乾坤艮巽出文貴乙辛丁癸田財宅隆甲庚壬丙最為榮下
後兒孫出神童未審何山消歲煞要合天心造化工五行
位中出一位仔細秘中記倘若來龍骨不真從此悞千人
不清者犯雜他卦非是一家也

乾坤艮巽脉過四節節同行不混雜坐向甲庚丙壬水兒
孫烈士又分第立宅安坟定興衰山朝水聚仔細排坎山

坎水流坎位離山（離）氣必離求二天同到始相宜無極流傳腹記之衰旺有時休乱指乘元乘氣最為奇（註：莫要（時）得財得元運得生旺財星宮）

得位謂之得不得謂之失也

正山正向流支上寡天遭刑傷觀天觀地定雌雄富貴在其中翻天倒地對不同秘密在玄空脉正中穿方見佳西旁蟬翼閃三义天门何處為真穴一点靈光吐玉範

龍行双双顧祖宗如子戀母兩相從若非祖山為正脉別求特達配雌雄百里來龍百里案賓主威嚴莫（匹）判莫言作案便非龍但是高峯都不賤是人只愛好奇峯不知地理重真龍龍若不真穴不向不怕巧手化成空

望勢尋龍易登山点穴難到頭差一線如隔萬重山看地
有何難先看下首山坐下若無真龍脉朝對空有萬重山
水口一山如虎卧囬頭不許衆山過高昂聳起水長流此
地名為神仙座明堂惜水如惜血穴裏避風如避賊莫令
空缺遭風吹空缺風吹遭水刼
水輪環處患如何人丁前後総是病即不出卦真氣散若
逢越卦見殘多高案尖尖風乱射崇牙體象禍成多七乂
八了皆流破一枝一射如操戈莫如旺宮貪遠照破單星
體淚滂沱手足殘傷兼小口禿會同橋論休咎要看何宮
應不訛

龍雖好而無穴謂之有若無穴雖好而無龍謂之實若虛
穴吉而塟不吉謂之有官無祿地雖吉而年月失利謂之
有舟而無楫

也曾見穴水急流塟下出公侯也曾見血（穴）無包藏一泡在
平洋也曾見穴坐後空得水莫嫌風也曾見穴面無（前）溪顧
祖莫嫌低也曾見穴是牛皮懶（坦）便人疑也曾見穴是拖鎗
只要護前長也曾穴無案山諸水聚其間穴高不用射水
潤豈無箭脉大何嫌割戶漈任斜牽面曲無穿意仰蕩穴
天然砂漏非為破水漈何要嫌真龍相旺處五吉任君還
水無方與位屈曲最為先金城富貴水聰敏木主愚蠢富

武生火主瘟癉人殀壽土城柱死少年人

論陰陽二宅秘訣

露而不隱天降陰隱而不露地陽升不深不淺依葬法能
教富貴有聲名或葬深坑氣上過定然白蟻底下生陽若
葬深陰葬淺縱然吉地也無成穴來隱〻始為生脉來微
〻是正形隱〻微〻方是穴粗大頑蠢死無成寂然不動
皆休去脉粗氣體不成要葬吉地休休葬害（死）好從生死定枯
榮　煞水若淋頭子孫哭又愁兩邊兒孫缺寡母房中歇
四面見空缺衆人交不得奉進不奉出終久人曉得（秘）密
真口訣千金亦難得

陰陽交媾始成形強弱之中要分明陰降陽栽氣不納陰
陰來陽受脉無成強不要把棺繞退弱至須教進步迎知
得二分繞減法朝貪墓富道非輕陽氣厚来從下升下頭
升上是真情或窩或仰分消息前縮後迎有重輕若是純
陽真脉體當從地氣上升騰蹤尋乳珠應生賊(細)迎接工夫
要分明
須金打破水中栽塋在土皮氣不来打破球毡尋活脉這
般破皮實難開有龍氣盡砂間抱切莫差開大損胎有龍
有穴方取用塋後方知富貴来
化生腦後盖分明八字從來大小分個字三叉橫外氣球

毡内氣莫鋤深陰陽倒杖莫能明開井埋棺立坟絶要知其中深與淺休抛後接與前迎迎接莫悮須荣旺順逆如若有廢興學者能明繞城法先後脉路認来清不知陰陽莫亂埋壅其所止乘其来乘風則散界水止界断处免收過裁自上而下山之止自外入内水之止山来多止此求真水来多止是貴神前親看水那邊来後依交情莫放開交得甚深防倒毋了三分莫接便生災緊来壅口宜抱出交處球毡湊入裁推枕壅埋皆有法莫洩玄機（交合之三合也）巧安排個字球毡如胎身蔭腮三會淺合深坐向只明三合水會須此法值千金

此處極有玄妙在其中矣

若向墓法有玄微寬緊之中仔細推虛实陰陽分造化到
頭十字少人知莫有十字君休墓閘井放棺氣頂催強若
更加分順逆時師得明即無非
要知太陽金水穴又無珠乳難分別水來流破聚入中水
若行時脉不歇歇時須要到三乂氣止水交方是穴淋頭割
脚要分清推枕球毬尋口訣
地理千金萬卷機陰陽二字少人知先師妙訣無多語口
口相傳腹記之自古先人藏秘訣欲令少子露玄機得法
得訣並得文詳在其中得元首詩　球毬十字定中央差了
些兒五子傷　一離在兩邊換正脉　二撞居頭上閙煞裝

三傷開太極圈邊是　四沖在化生腦頂當　五脫出唇前沾會
水能知五子妙非常緩求相撞急宜脫離是挨生莫死詳
離開正脈兩邊遷白蟻邊生屍不全離左長傷三僅可離
右三損長難安三房皆主絕嗣敗二在初傷絕在三近脈
稍離猶有救遠離無氣却難言撞穴毬頭濁煞挺白骨如
銀內不堅脈緩陽窩中子發急來陰到禍先攢先絕二房
五興禍破唇杏癩訟相連急則平常三年現緩則不過十
餘年傷在偏之左右圈一年水蟻便浸棺久成肉泥骨色
黑不上一計敗退殘聾瞳(腫)瘀傷濕氣出二五先見待餘年
次房長幼皆遭禍寡母絕嗣三代同沖破生腦沒氣栽天

罡迋破禍重來中房半紀先遭禍人丁不順天送災久則敗絕年空臨痨病（疾）怪病實可哀冲在左邊猶小可若冲右邊少頻災脫屋簷下送明堂近本初年磨與亡久出寡居遭冷退一成一敗實可哀中房先發先遭敗次及別房亦受殃一代盡時諸禍至絕及三代漸凋傷

白虎不與九虎同回頭是虎身如龍腰長俯伏是真倖踞足昂頭縂是凶來龍降勢自天然何必將[illegible]禽與獸看但認到頭鉗與穴何曾形正出高官

八卦四國與天心世代時師何處尋不知天心尋十道慢將卦例吐懷襟

眾大取小眾小取大眾長取短眾短取長軟來下硬硬來下軟直來迁曲曲來迂直寬來用窄窄來用寬橫來直受直來橫受石山土穴土山石穴雄處其雌雌處其雄飢取其飽飽取其飢斜來迁正正來迁斜坦中取突突中取坦圓中取尖尖中取圓緩來急下急來緩下強取其弱弱取其強老來取嫩嫩來取老山多取要水水多取要山斜曠要緊夾緊夾要斜曠陰來陽受陽來陰受有氣要迁無氣無氣要迁有氣剛取其柔柔取其剛來者不宜太逼去者須要回頭山本靜處勢求動水本動處勢車求靜好母多生奇醜女名師偏配嬌艷妻

此形家驗陰陽二宅之秘訣顛倒取裁之妙用後學者慎

勿浪洩乾坤乱播是非自古大地龍（神）守時師何必論開口

必要擇其德者可許此先師告誡（戒）之耳

八宅註秘訣

主宅以伏位論門亦然　男女命以本宮論便知伏位察圖而定吉凶

伏位輔弼星　文曲水　巨門土　廉貞火　祿存土　破軍金　武曲金　貪狼木

乾六天五　禍絕延生　六西

坤天延絕　生禍五六　二西

兌生禍延　絕六五天　七西

艮六絕禍　生延天五　八西

西四命宅逢二六七八為吉

伏位輔弼星　廉貞火　巨門土　貪狼木　武曲金　破軍金　祿存土　文曲水

坎五天生　延絕禍六　一東

離六五絕　延禍生天　九東

震延生禍　絕五天六　三東

巽天五六　禍生絕延　四東

東四命宅逢一九三四為吉

西六宮

金乾 伏位	金兌生 貪狼木	坤土延 武曲金
坎六水 文曲水	中	離絶火 破軍金
艮天土 巨門土	木震五 廉貞火	巽禍木 祿存土

延年金得坤土生上吉天醫得艮土比助吉生氣貪狼受兌金之尅為不得位是曰下吉相生相合者為吉相尅者為咎

西七宮

金生乾 貪狼木	金兌 伏位	坤天土 巨門土
坎禍水 祿存土	中	離五火 廉貞火
土延艮 武曲金	木震絶 破軍金	巽六木 文曲水

延年金得艮土生金為上吉天醫土得坤土比助為上吉生氣貪狼木受乾金尅為不得位是為之下吉

西二宮

金延乾 武曲金	金兌天 巨門土	坤土 伏位
坎絶水 破軍金	中	離六火 文曲水
土生艮 貪狼	木震禍 祿存土	巽五木 廉貞火

延年得乾金比助為上吉天醫土生兌金為上吉生氣貪狼木尅艮土為不得位是曰下吉三吉者貪巨武是也

西八宮

金天乾 土巨門	金兌延 武曲金	坤生土 貪狼木
坎五水 火廉貞	中	離禍火 祿存土
土艮 伏位	木震六 文曲水	巽絶木 破軍金

延年武曲金得兌金比助為上吉天醫土得乾金生為上吉生氣貪狼木尅坤土為不得位是為之下吉

東　坤土絕破軍金　金兌禍祿存土　六金乾文曲水　延年武曲金受離
火尅為不得位不

一　延離武曲金火　中　伏位坎水　吉天醫巨門土
受震木尅為不
得位下吉生氣貪

宮　貪狼木巽生木　巨門土震木天　廉貞火五土艮　狼木得巽木比助為
得位上吉

東　坤土禍祿存土　金兌絕破軍金　五金乾廉貞火　延年武曲金尅巽
木下吉天醫巨門

三　生離貪狼木火　中　天巨門坎水　土尅坎水亦為下
吉生氣貪狼木
生離火是為上

宮　武曲金巽木延　伏位木震　文曲水六土艮吉　相生相助為上吉

東　坤土六文曲水　金兌五廉貞火　絕金乾破軍金　延年武曲金得生
坎水為上吉天醫

九　火離伏位　中　延武曲金坎水　巨門土受巽木尅
尅之為下吉生
氣貪狼木得震

宮　巨門土巽木天　貪狼木生震木　祿存土禍土艮　木相助比合是為上吉

東　坤土五廉貞火　六金兌文曲水　禍金乾祿存土　延年武曲金尅震
木為下吉天醫

四　天離巨門土火　中　生貪狼木坎水　巨門土得離火相
生是為上吉生氣
貪狼木得坎水相

宮　伏位巽木　武曲金延震木　破軍金絕土艮　生是為上吉

訣云註伏位為本宮輔弼也武曲金為延年巨門土為天醫貪狼木為生氣三吉是也文曲水為六煞廉貞火為五鬼祿存土為禍害破軍金為絕命此四凶是也

輔弼二星為日月為伏位凡安牀灶方不宜坐伏位男命有伏位定要向三吉方為要緊宜坐四凶方謂之坐煞向生為吉如坐生向煞主大凶也

此乃流年之九星又不在挨星之數也乃河洛之象也學者尚要分別清楚切莫悞用而灶牀向門向均要依流年推排门向依主宅伏位順佈牀與灶向依男女命之伏位推陳男逆女順是也

在田氏識并書

祖師名壽堂号松鶴之田正月初八

太祖師華田恩師在田五月初三誕大二師兄悠復田江南成都成田四月初八

正宗篇

遐想鴻濛未判，清濁既分，而後乾坤始定。日月星辰垂象於天，山川草木成形於下，人秉天地之靈秀，莫不各俱一天地。是以上古聖人，遠取諸物，近取諸身，以定三綱五常，三皈五戒，三清五行，皆作聖作賢，作仙作佛之準繩。故曰三才位一竅。紅羅理盡，昭奉勸參道君子，須向身內覓真機，莫在物外尋色相。試看金剛經云：以音聲求我，以色身見我，是人行邪道，不能見如來。余本濁世浮塵，草野庸夫，敢言窺測天地，深識奧旨，無非蒙

八帝指示迷途，以致啟周公之精且微，細玩周易，融通一貫，心所直指單傳，以候高明哲士，闡揚正宗，闡破旁門，使人人有歸覺路，個個共出迷津，是余之所厚望也。謹將河圖洛書，先後八卦，竊取采擇，節列位君子之際，語要訣，以安於後。當世也，龍馬負圖出河，神龜負文出洛，聖人則之於河圖也，虛其中十五以象太極，陽數一三七九合為二十，陰數二四六八合之亦二十，兩儀象也。太陽居一連九，少陰居二連八，少陽居三連七，太陰居四連六，四象也。將四方之合以為乾坤坎離，補四隅之空，以為巽震兌艮，八卦象也。一生六成，二生七成，三生八成，四生九成，五生十成，陽內陰外，生成相合，泰交之義也。於洛書也，虛其中五，以象太極，一九三七合為二十而居正，二四六八合為二十而居隅。正以一合九，三合七，四隅以二合八，四合六，四象也。四正以乾坤坎離，四隅以兌震巽艮，八卦象也。戴九履一，左三右七，二四為肩，六八為足，陽正陰偏，金乘火位，火入金鄉，剋制之義也。又曰圖通於先天，為河，龍馬出圖，天降其祥，中於地其為洛，神龜載洛，地呈其瑞。河圖主陽，以陽統陰而極於十全數也。洛書主陰，以陰從陽，而少不足，為陰道也。河圖主五於合，順生之序，順取順生，以成天地自然之理。為常

洛書。主五行逆剋之序。逆取逆剋，以用生殺之機，為變。惟主陽，俾之以龍馬，至健者也。惟主陰，俾之以神龜，至靜者也。健則不變，故曰無消長。以似天行健，君子以自彊不息。靜則生動，故曰有盈虛。以似地勢坤，君子以厚德載物。是以河圖為道之體，有體而無用。洛書為道之用，用則變無窮矣。一坎二坤三震四巽，五中六乾七兌八艮九離。單用坤艮二卦。坤居西南，艮居東北。坤上艮下，坤艮相對，而為謙卦。六十四卦，惟謙卦六爻皆吉。蓋坤卦界金，出於西南。艮卦界木水土，東北。坤艮屬土，居乎中。故坤為老母，即無生地母。劉歆八寶山通天眼，廣寒宮。易曰西南得朋。又坤之星宿居井，書云八角井鼎分觀娘。艮卦一陽居上，即娥眉月，從弦琴上天梯，無毛虎，紫髯翁。易云東北喪朋，反之西南，乃終有慶。艮之星宿居斗，書云斗牛宮內消根源。坤艮內藏真陰真陽，陰陽互根，而為太陰太陽，謂之西星拱垣，日月合璧，而成奧然河圖。非獨有體而無用。蓋言神無窮，易無體之謂也。乾一兌二離三震四巽五坎六艮七坤八。體用震巽二卦。震為陽之始，巽為陰之始。巽位西南，震位東北。巽為月窟，震為天根。卻要去子。云天根月窟閑來往，三十六宮都是春。又云鼓之以雷霆，潤之以風雨，日月運行，一寒一暑。寒暑者，即真水真火也。可惜世人不明先天巽震，後天坤艮。奈之何哉。開口說大話，則曰取坎補離，金木交並，水升火降，行一切有形假相，以致四肢作痕，無路下墜，敗壞正宗。宜知大道無為，大道無言，不用採取，不用子午，只要取透這個。行住坐臥不離這個，離了這個就是錯過。這過去何也。不外中央坤艮之土也。

故中央天下之正道也。戊中和天地位焉萬物育焉。天子黃中通理。正位居體
備而用則無不全矣。坎水升火降大不合周易矣。易曰同聲相應同氣相求。水流濕
火就燥。火從地下起。水從天上降。有形顯而易見之理也。雲從龍風從虎。龍為陽
虎為陰。陰中陽也。虎為陰中有陽。陽中陰也。龍為性。虎為命。性為陽命為陰。
陽刻在下。陰刻在上。陽內有真陰。陰內有真陽。陰陽兩個字。能有幾人識。當人
師指。自己孰肯求。悟撥日摩家。豈不取笑於大方乎。
又云。玄妙之中尋玄妙。生地上覓無生。一切有形都是假。但將無目為真。真情要
照真香。真表。真劍。真印。真敕令。真玄。真妙。正宗廟。真水。真火。真金。
真木。真土。真精真氣。真神識備十八真華步上天庭。

自叙

地理者為養生送死第一件大事凡為人子不可不知然地學與醫學二理明訓煌煌昭於千古然醫理活何人只可全一身之性命而地學濟世能啟百代之人文明是地學豈不遠甚於醫學乎曆觀公卿侯伯之先陵不少虎踞龍蟠鹵莽殘缺之祖地那得麟遊鳳舞世有星命之家未授師傳之徒借此營生假羅經以惑庸衆混龍脉而悞善良愚蒙罔覺固無怪也士夫不察亦迷性焉以致真偽難分賢否不辨至今地學一家愈趨愈下矣余在髫齡不無疑見須授先大父以青囊奧義復即博訪經師湘省蕭公鳳儀

豫章雷公音五深明天文地學後奇遇黃公自化安徽桐城人公得先天道胎藏青囊大道授蔣氏之真傳余授公之真訣真文講明青囊天玉寶照奧語辨象分星明察乎來山去水審形奪勢指點出馬鬣牛眠調遞默會於心玄機妙用於掌遍察亞州之地脉求獲青烏之真傳是則天心余既認地輿咸知而從前見疑以分清求學之目的亦達矣何敢同流合污又何敢矜奇好異不過體過天之妙用闡河洛之包符耳乃不揣蒙昧敢自叙以告同志俾有心風水者得以彼岸同登不為異端邪惑特爰筆聊以博又為方家一哂云耳

地學之書汗牛充棟數十百家俱無確據蔣公著平砂玉尺經辨偽亦詳明（盡）矣但偽法流毒各執一說不能同歸正宗此一理也彼一理也而偽妄之法乃天地之所設各有休咎焉（余）授先哲之正道楊公慕講蔣公諸先師之秘要竊目謂地理之道得之真而見之確矣吾先大父壽堂公命習地理（學）十餘年來自覺渺溟復訪經師始得其傳遍察名墓古跡（蹟）（無不）響應玄空五行之法始於晉盛於唐一時著書立說者而言理[illegible]之祖自宋以降其法稍稍失傳於是偽法雜出各[illegible]一說以為求食之藉而偽者日益盛真者日益失矣惟明末清初蔣大鴻先生獨得無極子

真傳將世俗偽書辨其是非定其真偽書成地理辨正再
辨直解合編是書一出真道可興偽法可息其書將玄空
挨星之訣隱密未能洩漏必待師口傳心授若向書中自
悟縱有智慧亦難得矣斯乃大道不授傳自古未有之事
也

旹

天運上元之末青虎之歲

前清雲南直隸同知即補軍民府江南上元歐陽烟在田氏繇與門人李士莊成之

人元部叁拾章

〤十 認龍穴秘訣

〤〨 認龍穴砂水秘訣

〤〤 地理賦

〤〦 圖說分野 此圖錄於別集

〤〣 斗柄所指法

〥十 月令中星催富貴門灶訣

〥〨 三元太陽調煞法

〥〤 修造埋葬用事不傳訣 未列此集

卅文 驗舊坟水蟻諸物秘訣

〤〨 龍穴砂水形勢論

〤ㄙ 登穴秘斷訣

〤〥 地理重地不重房分論

〤〦 三奇趁例兼尋太陽到山法

〤文 北斗星式 附八卦次序歌 貴人圖說

〥〨 三元葬推祀主 大小月建都天法

〥ㄙ 開門安牀催丁秘訣

三元陽宅放水秘訣

宅有天井迴廊之水故有羅圖溝坎之水必到放出者此則不在照神零神之例亦不在生旺臨官生尅之数也然意會可出水者何望雲曰不識天心放水訣放之人丁絶不識天罡（干）並支位流破財丁退是言水不輕犯（放）也亦明矣然放水諸書数十家而合乎理者甚少即得訣者只以大玄空為天心放水之用無論生入尅入之為異味而小玄空殊乘正理求其理正者莫謂朱存卷一折儲財以東西南北四方分局之五行以乙辛丁癸為本局之財路以出口儲潮為聚財之府庫以旋[illegible]尅入為正財之樞機以

曲直步叶先天之理氣以大小中避太歲之冲壓以乙辛
丁癸為小神甲庚壬丙為中神乾坤艮巽為大神如乾亥
壬子癸丑六山屬北方水水以火為財放丁字出口火之
数二與七也或二尺七尺則儲一潮為聚財之府庫則
繼行打轉壬字取其魁入為進之進也水之数一與六也
或一尺六尺
如口巽巳丙午丁未六山放辛字水口以為儲潮屬西方金
亦以打轉乙字以為儲財由庚字而轉丙由丙而轉艮其步尺
視邪屬而河圖之数為准其法在天井中放盤以視其
出口其每打轉之外以視其出路庶免夾雜之弊盖乙辛

丁癸小神也甲庚壬丙中神也乾坤艮巽大神也出必由小神而入中神由中神而入大神所以避十二支神恐其冲破太歲而遭凶也一出大神則屈曲而去不必再打然亦必総在大神位内不可別入別字則得矣

語曰故富有奇諂當重在天心第一潮来是財庫節節赳入財不露由小至大点点滴終能成滄海路從天上去免致激冲犯太歲記取五行真東西南北認本身其深知此訣分曉暗中真消息是真得之切勿忽視若弁髦

八卦論

生氣原来是我身八卦山頭要數精昭然易見理分明挨

星算月評災福玄空透理鬼神驚生入煞方堪疾病煞入生方断死生生上煞來財產動煞臨退位損蓄牲煞臨宮煞穿心害生入煞方處處興惟有五黃正神煞八方到處不容情

生氣原來是我身煞炁尅我便生驚我若尅他為退氣被吾尅者為死神但逢死退非全利財吾同類旺氣真四一同宮定許科名之顯七九奇逢必有囬祿之災二五交加而損畜須防重病三六疊臨而被盜更加官刑旺宮单遇動始為殃煞處重逢靜亦肆虐再察疇星挨臨方可断驗有准

維

干維乾坤艮巽坤壬陽順星辰輪支神坎震離兌癸陰卦逆行取此數語另有口訣也
玄空三大卦已此詳明真陰真陽顛倒順逆各有不同正
合天下諸書對不同也

河圖洛書說

河圖變陰陽之交媾洛書察甲運之興衰河圖體圓洛書
体方故用而取方又用而取圓陰陽之像也故五行之象
数象非耦而不立数非奇而不行經曰河圖非乎奇而用
則乎耦洛書非乎耦而用則乎奇耦者陰陽之對待奇者
五行之運用經曰陰陽之氣噫而為風升而為雲降而為
雨行乎地中而為生氣造化萬物始終無不受於是耳

秘経云一六共宗居乎北二七同道居乎西三八為朋居乎東四九為友居乎南五十相守居於中盖所以為妙者不過一陰一陽一奇一耦而矣陽数奇一三五七九皆屬於天陰数耦二四六八十皆屬於地秘曰天数五也地数五也一為夫婦取奇耦之数為生成合一天得奇而為水故曰一生水一之極為三故曰三生木也地得耦而為火故曰二生火二之極為四故曰四生金何也一極為三以人一運之為三故一而生三也二極為四以周之方成四故二而分生四也六之成水猶坎之為卦也一陽居中天一生水地六色於外陽少陽多而水始盛七之成火猶離之為卦也一陰居中地二生火天七色於外陰少陰多而火始盛坎屬陽而屬陰故

生方斷死生生上㷊來財産動㷊臨退位損畜牲

内生而外者成之。河圖四面太陽四面太陽居一連九，少（陰居二象連八少）陽居三連七，太陰居四連六。一六共宗，一為老陽之位，六為老陰之数。四九為友，四為老陰之位，九為老陽之数。此為二老之合。陽居陰位，陰居陽位。二七同道，二為少陰之位，七為少陽之数。三八為朋，三為少陽之位，八為少陰之数。此二少之合。陽居陰位，陰居陽位。

又曰：洛書縱橫十五，而七八九六迭為消長，故一與九合，二與七〔八〕合，三與七合，四與六合，而一六二七三〔八〕四九均生成之合也。

此河洛之精蘊，其中奥妙太深，故要明師口口相傳，方能入奥，即有書

無訣亦不知其何所用也

辨正書中雖有其法而無其訣非師口傳不可

圖書天心十道同穴秘訣

一山何九實成功二對八兮数自終天三更作天七用地六還從地四通四維来拱五十穴只將九曜旋無窮合得圖書扦一穴造福生民在學中要合各得相通之義也

河圖洛書以五十為数故天一生坎水為龍起於地六之乾即以天九離為何取金水相生合成十数地二生坤火為龍起於天三之震即以地八艮為向取木火通明合成十数天三生震木龍起於天一之坎即以天七兑為向取水

木相生合成十数地六乾成之龍起於天七之兑即以地四巽為向取金水相生合成十数此乃天心十道之精蘊經四云所謂真接對堂安又謂来脉明堂不可偏之奥也天心十道之奥而時師未得其闻也會者一言勘破不識者枀讀難明故青囊大道要得明師口口相傳方能絲之入扣也

三大卦四十八局精義

子要乾艮午巽坤卯艮乾兮酉坤巽乾得子卯巽午酉艮在卯子坤酉午乙山寅亥辛申巳丁巳申水癸亥寅寅用乙癸申辛丁巳山丁辛亥癸乙甲宜丑戌庚未辰丙入辰

未壬戌丑辰山丙壬戌壬甲丑壬甲兮水庚丙

邵子云先天圓圖陽在陰中陽逆行陰在陽中陰逆行陽在陽中陰在陰中俱順行

朱子論先天圖曰在左屬陽右屬陰震一陽離兌二陽乾三陽為陽在陽中順行自巽一陰坎二陰坤三陰為陰在陰中逆行坤無陽艮坎一陽巽二陰為陽在陰中逆行乾無陰離兌一陰震二陽為陰在陽中逆行

邵子云耳目聰明男子身洪鈞賦予不為貧須探月窟方奇特未攝天根豈識人乾遇巽時為月窟坤逢震雷見天根天根月窟常來往三十六宮都是春都是春者都是這個

道理天根月窟乃天地交界之處三十六宮都是春謂公宮宮有陰陽爻爻有陰陽消長流通往來萬古不朽曰都是春也

又曰乾一兌二離三震四巽五坎六艮七坤八總共合得三十六数是也

震坎艮卦中之陽爻為天根　巽離兌卦中之陰爻為月窟

河洛精義

河洛書之精義與河圖相為表裏有河圖而無洛書則有體而無用有洛書無河圖則有用而無體蓋三元氣運本於河圖而論則有三元方位則不外乎洛書矣夫洛書之数以一對九為十二對八為十三對七為十四對六為十以地居

陽天居四正　生一成相為經緯一陰一陽是為交媾九疇從北斗九星從此配而治國經緯之道備矣蓋天一生水故坎位第一為上元首運必取南方之離水以相配地二生火故坤位第二為上元中運必取艮方之水以相配天三生木故震位第三為上元之末運必取兌方之水以相配地四生金故巽位第四為中元之前[首]運必取乾方之水以相配五十為中央是寄旺矣何必論矣

地六成之故乾為中元末[運]必取巽方之水以相配天七成之故兌為下元首運必取震方之水以相配地八成之故艮為中[下]元中運必取坤方之水以相配天九成之故離為

下元末運必取坎方之水以相配何也誠以山地也地本乎陰水者天也天水為陽陽不得其陰則陽何以昌陰不得其陽則陰何以成故一二三四五六七八九如古來之歷代雖多週而復始者也故一二三四之必取九八七六也六七八九之時必取四三二一也水也陰陽之時代山水之交媾循還無端之妙用也嗟乎

世有言山而不言水者有言水而不言山者無他是不明天地之道也夫天地之道雖曰兩途而實為一炁運貫如影隨形如谷響交媾根源一息不離誠闔天不可一時離乎地否地亦不以一時離乎天者天地既不可離則山水

亦猶是矣。嗟乎，此言真是楊曾蔣諸先覺，剖露以來，如今幾何年，已竟無人知之。何以有益於世哉。可歎世人在講三元，究竟無人知有三元。講易學而不知有易學者多矣。豈敢言河洛玄空之奧妙者也。

先天後天精義

先天八卦如河圖之有理氣後天八卦如洛書之有方位要知先天後天相需為用而生死之道出焉分先天四陽卦為上元如乾為父能總領震長男坎中男艮少男則一白當令即以先天之乾為第一雖先天之乾為第一其實又以長子為首何也以長子能代父之職也如後天之震即先天之離故仍以後天之離對坎為第一得令首以乾父以長子同宮故也如先天之震即後天之艮也以先天之震為長子故二黑當令即如後天之艮對坤為第二如先天之坎即後天之兑坎為中男故三碧當令即後天之兑對

震為第三如先天之艮即後天之乾也以艮為少男故四綠當令所以後天之乾對巽為第四而屬在五黃之運然則先天之乾父非特能管後天之震震為先天之離者抑且能兼先天之坎而屬後天之兌先天之艮屬在後天之乾位矣　夕先天四陰卦為下元如坤為母能統領巽長女離中女兌少女則六白當令即以先天之兌對乾為第六而屬在五黃之運兌為少女而屬在五黃者以先天之兌為後天之巽而先天之巽又為後天之坤也但凡少男少女皆為黃局故也如先天之離即後天之震也離為中女故七赤當令後天之震對兌為第七如先天之巽即後天

之坤也巽為長女故八曰當令即以後天之坤對艮為第八先天之坤即後天之坎也坤為母在尾乾為父在首男女包在中間故九紫當令即以後天之坎對離為第九然則先天之坤母非特能管先天之兑兑屬後天之巽者抑且能兼管先天之離而屬後天之震巽先天之坤位而屬後天之坎方也

此則以先天為體後天為用是體用生成河洛呈明之妙用也而世之講地學者多有不明易學者遠矣不知易理則（不知地理知易理則）天地之理一以貫之易理即天地之理也世之言地理者只知後天而不知有先天只知其有母而不知其有父

矣。稍得皮毛、已為自精。誤盡仁人孝子。豈不痛乎。地理以河洛為主宰不知河洛而講地學。並言巒頭理氣、真是如對痴人說夢耳。

玄空金龍雌雄挨星城門太歲精義秘訣

天地渾然之氣、放之彌六合、卷之藏於密、若有若無、不容懸擬。古聖人以無極而太極、太極生兩儀、兩儀生四象、四象生八卦之一理、揆測而地理玄空之大卦、由是定也。夫生育萬物、乃坤地至陰之氣、招攝乾天純陽六龍之精、所以之玄空之三大卦、當以先看金龍為一法、金龍看動靜、則陰陽之知生死。天氣地形、動靜交合、則山水配偶、而雌雄

見焉雌雄見則天自為天地自為地山自為山水自為水
氣自為氣形自為形然天不獨天天之星宿下臨於地天
非廓然之天也地不獨地地之山川上應於天地非塊然
之地也天氣地形山靜水動兩相交感或通或塞而禍福
之機有不期然而露設挨星以定休咎蓋本諸此挨星定
禍福明坐下不得一個團要出入之㞐即玄空金龍雌雄
挨星合得好龍山向水皆不為我用假如郡員不得一城
池圍置列列賢佐則事不專與國家何補而地理亦然故
設城門一訣以盡山水團要之㞐通塞乎氣運往來之路
地理山龍平洋水龍之作法妙用全美不過審元運甲子

預知禍福。驗應於某位太歲。此六法之玄奧也。

三元挨排九星秘斷訣

挨星實一二三四五六七八九之坎坤震巽中乾兑艮離八卦九宮也外借貪巨祿文廉武破輔弼九星之名實北斗九星次序恰符合洛書九宮次序之義耳北斗以廉貞居中洛書以五黃居中北斗統天之氣衆星拱之洛書統地之氣萬物隸之兩義相符也若徒以九星求之而不明洛書之義則挨星未夢見矣然挨星之斷得財星星有吉失財則星星有凶矣原挨星宜合玄空大卦中八体象爻之山水合則斷以吉不合則斷以凶故有財貪巨武為吉破祿文為凶有財貪巨武為凶破祿文為吉內有廉貞一

星寄於本山之中宮起例原星之下亦有吉凶斷論者也

貪狼即一白也合玄空得生旺主少年發科甲文名洋溢多生男子聰慧異常中男得利若不合玄空而逢煞退應刑妻瞎眼少年夭亡出工人風流或主火疾也

巨门即二黑也合玄空得生旺主丁財兩旺多產武士立功而成文士雖生不多但婦女掌家陰謀鄙吝若不合玄空而逢煞退應寡婦相傳少夭產亡腹疾惡瘡刑耗不免矣

祿存即三碧也合玄空得生旺主財祿豐盈大興家業貢監功名長房大旺若不合玄空而逢煞退應是非官訟刑妻損子風魔哮病殘疾六根不全出人五行不正也

文曲即四綠也合玄空得生旺主文章蓋世科甲聯芳婦女賢美姻聯貴族若不合玄空而逢煞退應婦女淫亂男子飄流酒色敗家漸絕滅並出風哮自縊逃亡凶死者也

廉貞即五黃也寄宮之方合玄空得生旺富貴不可言者也若不合玄空而逢煞退應絕敗之禍亦有不可言者也大約應季必痴呆孟仲官訟並淫乱凶到五喪方止也

武曲即六白也合玄空得生旺應雄威掌兵權武爵蓋世家發巨富人多丁若不合玄空而逢煞退主刑妻尅子寡居孤獨年長久病或風癲殘眼目失明有子不孝逃外不可靠也

破軍即七赤也。合玄空得生旺。應發丁財。武職士宦。因武改文。少房發福。若不合玄空而逢煞退。應盜賊離鄉投軍橫死。官非牢獄瘟疫火災損年少。忽生怪瘡並目疾。

輔星即八白也。合玄空得生旺。應孝義忠良富貴綿遠。少房發福。世代有名。若不合玄空而逢煞退。主小兒難養婦女產難。有損傷男子。風疾並惡瘡。家屋不利者也

弼星即九紫也。合玄空得生旺。應文章科第驟至。顯榮富貴。中房受蔭。但易興易廢。若不合玄空而逢煞退。主吐血風癲風癩目疾。婦女產危火災官患即至也

此九星之斷驗。總以合玄空為得旺得財得正運謂之吉。

不合玄空為失時失旺不得正運謂之衰敗死絕退必主凶禍經云八卦只有一通能用來此一卦則玄空大卦可得矣

挨壘配定六十四卦吉凶蜜訣

其配法不能筆之於書乃係秘旨而用法別有口訣得訣者可知余立六十四卦吉凶非是呆法以此為例耳其用法千變無窮者也盡此六十四卦者非也卦卦有吉有凶

貪貪坎為水卦主婦女死亡災禍破財初年財產順利

貪巨水地比卦主中男夭亡人離財散

貪祿水雷屯卦主子孫富貴科甲聯登但小口不利喜財產驟發

貪文水風井主章科秀財產大旺婦女貴顯

貪武水天需卦主官事逃亡子女絕嗣老翁好淫仲子損丁

貪破水澤節卦主盜賊橫禍子孫敗絕少女淫亂

貪輔水山蹇卦主子孫貧窮嗝噎之疫疾

貪弼水火既濟卦主先富後貧眼疾破產妻妾屢刑初年丁財大旺

巨貪地水師卦主投河落井家敗人亡中男絕嗣或中男死於母手

巨巨坤為地卦主寡母當家田財進益兒孫少亡不已

巨祿地雷復卦主人離財散橫禍凶災母子不和

巨文地風升卦主陰人病疾子孫不興姑媳不和鬱枯成

疾

巨武地天泰卦主夫榮妻賢財豐(產)盈子孫興旺

巨破地(澤)臨卦主財產大發生女不育男

巨輔地山謙卦主巨富兼貴不利中子生積善念佛之人

巨弼地火明夷卦主口舌之災夭亡之患老母風火危疾

祿貪雷水解卦主財旺尅妻子孫興隆生人好義

祿巨雷地豫卦主養子不孝母老年長病不脱

祿祿震為雷卦主滿門榮貴只是陰人多厄

甲

祿文雷風恆卦主人丁貴顯田財大益發富濟貧極催科

祿武雷天大壯卦主長男老翁凶死父子不和睦

祿破雷澤歸妹卦主投河縊及子孫敗絕

祿輔雷山小過卦主火光盜賊田財退敗少弟遭長兄之害

祿弼雷火風〔豐〕卦主子孫貴顯田財進益金花榮誥

文貪風水渙卦主科名高占富貴雙全若求女秀正宜此星

文巨風地觀卦主媳不孝姑子孫凶夭嗝噎之疾

文祿風雷益卦主富貴雙全人丁興旺

文文巽為風卦主財產旺盛婦女當家但子孫稀少久則出風疾

文武風天小畜卦主出妖媚尊長女受災並防自縊之害

文破風澤中孚卦主聾瞽殘疾子女逃散

文輔風山漸卦主嫂配少叔少子夭亡心痛腫疾

文搦風火家人卦主先富後貧婦人守寡

武貪天水訟卦主老兒好淫遺精或腎絕疾死婦女殘疾口舌官非

武巨天地否卦主先貧後富夫榮妻賢田財廣産婦女賢良

武祿天雷无妄卦主長男喪於父手凶災疾病不免

武文天風姤卦主長熄受翁強姦或命喪翁手或自縊投河陰人風疾

武武乾為天卦主刑妻尅妾婦女子孫忤逆不孝
武破天澤履卦主婦女淫乱翁媳相通只有財產旺盛
武輔天山遯卦主榮貴而富孝子順親可惜婦女死亡
武弼天火同人卦主家長凶災火光盜賊或媳不孝翁姑常
有咳痨之疾
破貪澤水困卦主財畑無嗣異姓亂淑婦女淫乱
口舌官災子孫貧乏
破巨澤地萃卦主財旺無嗣異姓乱宗
破祿澤雷隨卦主六畜損傷人口逃散甚則妻毒邪(淫)女謀
男死
破文澤風大過卦主少婦毒長婦小不敬大人多風疾火

盗災危。

破武澤天夬卦。主婦女多淫。子孫殘賤。翁媳共枕。惟少女孝順父母。

破破兑為澤卦。主財旺子稀。少年守寡。得地應生女將貴。

破輔澤山咸卦。主男才女貌。孝子賢孫。人口興旺。一門清

破弼澤火革卦。主人離財散。疼痛災疾。或缺口唇。尖血癆病。

輔貪山水蒙卦。主人失財散。小丁不利。弟兄忤逆。或者投河等凶。

貪武水天需卦主官事逃亡子女絕嗣老翁好淫仲子損丁

貪破水澤節卦主盜賊橫禍子孫敗絕少女淫亂

貪輔水山蹇卦主子孫貧窮嗝噎之瘦疾

貪弼水火既濟卦主先富後貧眼疾破產妻妾屢刑初年

丁財大旺

巨貪地水師卦主投河落井家敗人亡中男絕嗣或中男

死於母手

巨巨坤為地卦主寡母當家田財進益兒孫少亡不已

巨祿地雷復卦主人離財散橫禍凶災母子不和

巨文地風升卦主陰人病疾子孫不興姑媳不和鬱枯成

疾

巨武地天泰卦主夫荣妻賢財豐（産）盈子孫興旺

巨破地（澤）臨卦主財産大發生女不育男

巨輔地山謙卦主巨富兼貴不利中子生積善念佛之人

巨弼地火明夷卦主口舌之災夭亡之患老母風火厄疾

祿貪雷水解卦主財旺尅妻子孫興隆生人好義

祿巨雷地豫卦主養子不孝母老年長病不脱

祿祿震為雷卦主滿門榮貴只是陰人多厄

甲

祿文雷風恒卦主人丁貴顯田財大益發富濟貧極催科

祿武雷天大壯卦。主長男老翁凶死。父子不和睦。

祿破雷澤歸妹卦。主投河縊及子孫敗絕

祿輔雷山小過卦。主火光盜賊。田財退敗。少弟遭長兄之害。

祿弼雷火風疊卦。主子孫貴顯。田財進益。金花榮誥

文貪風水渙卦。主科名高占富貴雙全。若求女秀正宜此星。

文巨風地觀卦。主愡不孝姑。子孫凶夭。嗝噎之疾。

文祿風雷益卦。主富貴雙全。人丁興旺。

文文巽為風卦。主財產旺盛。婦女當家。但子孫稀少。久則出
風疾。

文武風天小畜卦。主出妖媚。尊長受災。並防自縊之害。

文破風澤中孚卦主聾瞽殘疾子女逃散

文輔風山漸卦主嫂配少叔少子夭亡心痛腫疾

文琊風火家人卦主先富後貧婦人守寡

武貪天水訟卦主老兒好淫遺精或腎絕疾死婦女殘疾

口舌官非

武巨天地否卦主先貧後富夫榮妻賢田財廣產婦女賢

良

武祿天雷无妄卦主長男喪於父手凶災疾病不免

武文天風姤卦主長媳受翁強姦或命喪翁手或自縊投

河陰人風疾

武武乾為天卦主刑妻尅妾婦女子孫忤逆不孝

武破天澤履卦主婦女淫乱翁媳相通只有財產旺盛

武輔天山遯卦主榮貴而富孝子順親可惜婦女死亡

武弼天火同人卦主家長凶災火光盜賊或媳不孝翁姑常

有咳癆之疾

破貪澤水困卦主財畑無嗣異姓亂淑婦女淫乱（口舌官災子孫貧乏）

破巨澤地萃卦主財旺無嗣異姓亂宗

破祿澤雷隨卦主六畜損傷人口逃散甚則妻毒邪（淫）女謀

男死

破文澤風大過卦主少婦毒長婦小不敬大人多風疾火

盜災厄

破武澤天夬卦主婦女多淫子孫殘賤翁媳共枕惟少女孝順父母

破破兑為澤卦主財旺子稀少年守寡得地應生女將

破輔澤山咸卦主男才女貌孝子賢孫人口興旺一門清貴

破獬澤火革卦主人離財散疼痛災疾或缺口唇失血癆病

輔貪山水蒙卦主人失財散小丁不利弟兄忤逆或者投河等凶

輔巨山地剝卦主孝子養親財產旺相年少勞疾老母有腫脹之危

輔祿山雷頤卦主破財損畜遭家門傾敗之憂

輔文山風蠱卦主官訟疾病損傷人口或邪怪進產

輔武山天大畜卦主孝子賢孫但婦女不利出人樂善好施

輔破山澤損卦主人口興旺田財進益男才女貌子產神童

輔輔艮為山卦主少女夭亡官災離鄉出祖反到田財盛

輔弼山火賁卦主陰人病死子孫逃亡久則敗絕

弼貪火水未濟卦主田財豊盛緊防眼目之患

弼巨火地晋卦主二姓同居子女貧賤或有姑媳守寡

弼祿火雷噬嗑卦主男孝女貞一門貴顯財產均旺

弼文火風鼎卦主財旺子稀婦女秉政而賢但多勞疾

弼武火天大有卦主男媳不孝或子孫夭壽家常有嘀噎之病

弼破火澤睽卦主官非口舌破財損丁婦女夭亡

弼輔火山旅卦主損財傷畜盜賊喪禍叔嫂私情

弼弼離為火卦主家興旺有女無男並無禮義亦無上下

以上六十四卦先察元運玄空合挨星則吉不合則凶

故卦々有吉卦々有凶星々有吉星々凶（有）合時合運者吉不合則凶非拘定此六十四卦為吉凶豈非板格者乎立卦之星不過以此為例耳而到用時別有口訣此無非使後學者易明挨星之理切不可用為板格死法秘訣云玄有活法空有活機如甲癸申非盡貪狼以貪狼為一例坤壬乙非巨（盡）門以巨門為一例也若值呆法則謬矣

子午卯酉得位旺田庄出富貴聰敏人不得位主盜賊囚獄損人破財男嫖女淫隨人走夫婦分離父子不合墮胎瞎眼之患也乾巽坤艮得位發人丁科甲富貴英豪名士不得位損少年出寡婦吐血風疾等患　寅申巳亥得位

發科甲大功名不得位劳疾失血六根不全生人不全（怪相）尅
妻損子官非盜累自縊等患　乙辛丁癸得位旺田庄發
丁財科甲不得位破財絶嗣風疾怪症淫乱出音啞等〻
之患　甲庚丙（壬）得位出神童發巨富少年登科好善樂施
不得位敗絶離散婦女乱（淫）盜賊嫖賭自縊遭刑怪症等患
辰戌丑未得位旺人丁發巨富出禮學名士不得位出大
盜忤逆殺人放火充軍破産滅門大禍出怪事等患此要
合玄空得時得運謂之得不得謂之失也（二十四山有珠寶有火坑者此也）在田識

合生成合十合五合十五之局秘訣

貪武武貪貪即天一生水地六成之河圖之一六共宗也合玄空得生旺應聰明文秀科甲聯魁若不合玄空而逢煞退主淫佚漂蕩溺水寡孤婦淫惡疾　巨破破巨即地二生火天七成之河圖之二七道（同）也合玄空得生旺主進橫財而致巨富但多生女而少有男若不合玄空而逢煞退應吐血墮胎難產夭亡橫禍常至　祿輔輔祿即天三生木地八成之河圖之三八為朋也合玄空得生旺應多子多孫多文人科名獨占魁若不合玄空而逢煞退應少亡絕嗣自縊之災　文弼弼文即地四生金天九成之河圖

之四九為友也合玄空得生旺主多生男而好義並至巨富若不合玄空而逢煞退主受刀兵吊劲之危生出優伶此生成之局也

合五之局　貪文文貪即一四合五也合玄空得生旺主功名垂手而得若不合玄空而逢煞退應蕩無歸多生娼妓優伶之輩也　巨祿祿巨即二三合五也合玄空得生旺雖旺財產久則母子不合老婦常病若不合玄空而逢煞退主遊子不孝否則出寡婦或遊寮並出是非官訟傾家破產勞疾怪病此合五也合

合十之局　貪弼弼貪即一九合十也合玄空得生旺主夫婦和睦名利兩全若

不合玄空而逢煞退主耳聾目疾心氣疼痛故疾之症也

巨輔輔巨即二八合十也合玄空得生旺主出孝子家道興隆佳人信善禮佛發富施孤濟貧若不合玄空而逢煞退主出寡母泣孤兒田財退敗生腫濫之疾病

祿破破祿即三七合十也合玄空得生旺主旺丁財武途得仕久則一家不合若不合玄空而逢煞退應火盜官災逃亡走失手足痳木遍身風疾

文武武文即四六合十也合玄主文武科名出文武全才久則長房不利若不合玄空而逢煞退應自縊官災盜賊逃散亡家破產並出怪病風癱之疾此合十之局也

合十五之局　武弼弼武即六九合十五也合玄空得生
旺雖主軍賊發財武功受爵久則父子不和或翁媳不和
或夫喜愛小妾所制並生虛勞之疾若不合玄空而逢煞
退應男媳不孝翁姑出逆棐並招賊盜邪怪癱瘓之疾
破輔輔破即七八合十五也合玄空得生旺主夫婦和順
發富濟貧尤旺科甲人丁若不合玄空而逢煞退應聰明男
女少亡家財冷退官非口舌瘟瘽臌脹或主盜賊擾家必
出聾累之事此合十五之局也

收山出煞三結三催奇驗秘訣

此訣出於都天寶照經根於玄空大卦經四位而起父母陰

陽順逆起例又根於三十六宮都是春平洋用之如神山龍貴乎審用其斷合法者則貪廉主秀巨武主財祿破主發女貴文弼主官星左輔發人丁若不合法者貪廉主損少年官非吐血損女口巨武主破財産嫖賭遭凶　祿破主貧賤夭亡文弼主下賤寒苦先損口後損[折]丁　左輔主絕滅之禍

看山結水結氣結秘訣

結陰陽二宅之處山重而[審]水不足者此山結也下卦起星以山為主如水浩蕩源源而來而山不足者此水結也下卦起星以水為主若山水齊稱而不偏者下卦起星以山水

一齊為主如山水平坦而不足者此氣結也〔者〕必要察其空際來之〔氣〕方下卦起星以〔氣〕為主所〔謂〕為氣者即風也乃玄空無形之氣無形之質此局不易立也非入室多年久經閱歷非授師傳不能精通此竅非日講巒〔峦〕頭時談理氣噫先生何能曉也能通此妙用而金龍雌雄之道精矣

催丁應驗之局秘訣

三八為朋合祿輔之山水氣四九為友合文弼之〔山〕水氣一九媾精合貪弼之山水氣或得一白貪六白輔〔武〕八白輔之山水氣亦然

催富應驗之局秘訣

二七同道合巨破之山水氣四九為友合文弼之山水氣

二三合五合巨祿之山水氣二八合十合巨輔之山水氣

六九合十五合弼武弼之之山水氣七八合十五合破輔之山水氣

或得二黑巨三碧祿五黃廉六白武之山水氣亦然

以上二局均已驗過者多然亦要巒頭合格局方有準驗

否則不驗矣

催文貴應驗之局秘訣

一六共宗合貪武之山水氣三八為朋合祿輔之山水氣一四合五合貪文貪之山水氣七八合十五合破輔之山水氣四六合十合文武之山水氣或一白貪四祿文九紫弼之山水氣亦然

催武貴應驗之局秘訣

六九合十五合武弼之山水氣三七合十合祿破之山水氣四六合十合文武之山水氣或得二黑巨六白武七赤破之山水氣亦然　以上二局已曾經驗過名基舊宅如神然而形式要得生體方驗而催富貴人丁然不僅此四句外有出元運出換星出成卦出收得山出得煞從要山有情水有意則出

頭理氣處了合法此訣無不應驗如神矣

驗舊坟(塋)水蟻樹根紫茜骨之寒暖秘訣

其法曰先以玄空之卦爻配以雌雄合其挨星元運生死衰旺而加於山上水理(裏)及(乘)盈虛消長納氣之處分認凡不得令之山逼穴不得令之水照穴射穴與不得令之凹風射穴者以八卦五行分斷金是水蟻木是蔚根水是潮浸火是虫蟻或焦枯化棺外燥內濕土亦是虫蟻而兼潮潤凡得令之山蓋穴得令之水之凹風射穴者均作吉論亦以八卦五行分斷金養骸骨白色日久不朽木起紫茜骨帶紅艷水結水珠火應乾燥土不化棺久後屍骨黃色

此秘中之奧妙者也而穴應生何物以卦裏干支所屬及週天宿度斷之無不奇驗如神余驗舊塋興衰成敗毫髮不爽矣　世有售術之輩走江湖之徒以異端而惑人用邪術與人遷墳改塟言有奇怪異物在墓內起之果然愚夫愚婦信之如神以為高明改遷之後凶禍疊至敗绝不期悔之不及只有痛哭而矣有改門者亦然此不得明師而受走江湖之害也又有受庸師之害稍圖徒魚利先查人之興衰禍福某處之故犯病只說現成話不言故之壞在何處凶在何方遷改之後禍更勝焉嗚呼不擇師每每如此者多故蔣公發明地學之奧免受庸師之害奈儒者不察真假不辨有實學無實學只重言談色出富貴一味奉承殊知為害不淺也

故地學理一道仁人孝子不可不慎會擇師是無上之法也

認龍穴秘訣

侍講解口傳

富貴龍大帳尋出身水火貴如金水同金玉須應富起伏
無生結亦輕　腰落龍神在內求餘枝磅礡盡回頭關收
不致元辰散主發人家福自悠　龍無起伏亦輕微起用
高宏伏用抵跌斷依多龍愈盛如無跌斷是餘枝　行龍
瘦削易貧窮勢要墩宏倉庫同一節疊来一代富博来文
筆亦高官　来而輕落小安坟落重勢扎虎出林或似精
兵排陣出又如鵝鴨下平田　頂穴原来有會星下有口
脚湊天真或結之了楓葉點天然之穴上面生　頂求秀
麗聚而圓脳湪疊肥造化全若是不聚頂不起片硬陽極

莫陰施　開口有鉗看口頂頂要微窝口要正睁眉不開
頂若猒煞水淋頭為竹枕　金星正頂地平開寬腦散名
氣不全又看側邊斜入脉正中無取取偷潛　木星抱節
正為奇直畔名為人枝認取玑頭無質頂愛他睁浥及相
宜火星壓面要端然揷地形球火焰邊龍穴煞藏金剪火
只嫌梳齒破衣生　水星湧躍要相連富曲有情有色杆
直在近身上清濁曲池秀美出聰敏　五行惟土濁星形
滿面換途莫去尋正要有球斜取角弦稜剥削介方清
金星無面為罡天　木無頂節號祿存　水散無浥為掃蕩
火焰斜見是廉貞　土頑下界為孤曜五行真訣可相

親脉小去微巧短緣往來乁鶴頂如珠若然頂散長脉走乃是龍行飛過途乳若垂頭另生節長腰開牙盖護穴穴情的處多生抱硬脚㳂陰多不結平洋氣弱要相連散漫難求聚氣全要取到頭高一寸開口還要上分明平洋散脉似牛皮陽面有弦四水歸若是陰來牛背上疊求唇口始相宜平洋之地豈難尋好似高山一例詳陽到看弦陰上看突分下合兩交襟　平洋本是捕陽脉滿面無生氣不靈左右下界下無合陰極無洋氣不真　高山穴取仰天窩入穴深藏聚氣多賓主有情真取穴登堂近取手堪何

總索　陽落有窩陰落有突入首星辰從頂面陽來須要

受陰胎陰若来時陽内裁上有三分下三合個字之中三
合明大小八字知端的貼身蟬翼兩邊分有緣有急上明
肩兩邊暗翼球詹現純陰純陽勢難辨左右金魚蝦鬚水
羅文土宿鍪口明　陽落有窩陽爲落星辰是若何形如
仰掌畧生窩或時開口宜融結不出人丁定產多　陰落
有突陰落星辰劍脊形肥圓覆掌更分明或如葱尾宜齊
短世上何人識得真　經云陽来陰受龍如仰掌是陽来
自是陽来受陰胎凸起節色為正穴覆杯相似不須猜
陰来陽作星辰覆掌是陽龍陰極陽生理在中到穴畧開
窩有口旗鎗形馬跡正相同　上有三分入首先看個字

羅紋結　羅紋星辰似覆鍋覆鍋開口或生窩莫非陰極陽處所如穴羅紋指面羅　土宿結土宿星辰有口開口開唇下畧生雄亦為陽極陰生處土宿中生若覆杯

倒杖放棺十道先於壟口安即將直杖倒其間球簷之下合襟上枕對無偏即放棺

倒杖法非用杖杆倒之誤也後人偽託俗師以倒杖為法真可笑也其倒杖之訣別有精微未載入集中倒杖者譬語也楊公至老登山携杖指其訣也

急則用饒陽煞但勢形如蛇尤緩扦於急處宜湊入球詹
五七寸免叫黑爛骨如泥藏風脱脉穴法高低總不齊但
依正在是真機藏風之處高為妙界水之中低亦宜
移死挨生來龍強弱認分明入穴仍催厚薄情砂有暗明
水寬急挨生移死穴方真　深淺深淺山來不等般須分
平地與高山高山止與明堂並平洋地還深一尺安
第一要識龍祖宗貪狼輔弼並巨武　第二要識穴中
玄上分下合美與圓　第三要識砂形様吉之凶之在
其上第四要識明金城灣之回抱似眠弓　第五要識
明堂訣左右金魚相交接　第六要識虎及龍五星金

木水火土　第七要識後頭應高大肥方要平正　第八要識面前朝貴人文侵（峯）雲霄　第九要識陰陽路二十四向字上取　第十要識三陽峯內外明堂盡鋪張

此是秘訣真說（妙）莫向人前輕漏洩　顧我門人多記得再把尋龍十三怕最向明師與君話

一怕空亡　二怕壓　三怕斜飛四怕揷　五怕泄氣六怕水（盡）七（懼）怕明堂水不合　八怕凹風九怕逼　十怕面前鎗頭直　十一怕孤單　十二怕火射　十三更怕氣脉斜　十三層中仔細驗　要識（真訣）在其間前賢留下密竅話　後世珍藏作寶閥

其訣以待口傳　在田識

認穴砂水形勢秘訣歌

口訣　密本

地理之文繁且多請君聽我龍歌(訣)雖然微妙不能盡大綱大目皆包羅識龍要識生死訣不識生死無定說屈曲活動龍之生粗蠢直硬龍死絕東扯西拽龍翻花分枝背脉龍鬼劫尖射破碎龍帶煞歪斜倒偏龍醜拙起不能伏伏不起此龍氣弱無力矣起而即伏伏即起此龍氣旺力無比斷而復斷龍脫煞穿田過(渡)水龍過峽中心出脉龍穿帳龍來出帳龍(來)入相貴龍多是中心出富龍只是傍上生兩帳兩幁是真龍無帳無幁總成空帳幁多時貴亦多一重只主富家翁龍有雌雄號成龍水有雌雄號成穴世間萬

物有雌雄单雌单雄未結穴高大為雄低小雌雌雄配合
方融結地大山忽小粗中細先雄後雌當熟記小山忽大
細中粗先雌後雄必結地龍有变化之莫測或顯或隱認
不得勢有佯詐之多端虛花奇異真難識龍有機関之妙
巧藏踪閃跡難尋側或有喜怒之無常忽然柔善忽剛強
时師不識喜怒体聞說大言皆笑取崎嶇險峻龍之怒踴
躍翔舞龍之喜怒氣多是結假穴假穴人見多歡悅龍虎
左右彎環抱前賓後主都相照穴中雖好必難成外山外
水盡無情世人愛此花假地埜後錢財湯潑雪不如龍身
多帶殺好笑時師真眼瞎喜龍專乙結怪穴怪穴人見嫌

醜拙龍虎左右或不全時師便言房分偏確識外山隨水
抱救游房分都一般龍真穴掘人不識發來富貴無休息
不知龍身多帶貴穴中醜掘有何忌若是真龍正面來身
雖屈曲頂不歪撓棹腳似蜈公腳兩兩成双相對着一心
一意戀結穴並不歪顧瞻別去真龍定然有迎送來從纏
護無空缺纏護愈多愈有氣衆山衆水皆會聚渾如大將
坐中軍羅列隊伍皆整備若是纏龍側面走一邊無棹一
邊有頂面纏常顧正龍身不敢拋離別處行撓棹向前龍
歉住撓棹向後龍常去向前為順向後逆逆則凶兮順則
吉邊順邊逆房分偏邊有邊無是護纏帶倉帶庫是富龍

帶旗帶鼓是貴龍倉庫旗鼓兩般有富貴雙全永無窮看龍
專看龍過峽峽與穴情一般法過峽有扛則有護免被風
吹脉脊露過峽無扛又無護風吹氣散龍虛度過峽宜短
不宜長長則力弱不能擔過峽宜細不宜粗粗則氣濁穴模
糊過峽宜狹不宜濶濶則拗氣散龍力乏過峽一線短又
細蜂腰鶴膝束氣聚変体成形便結地束得氣聚方結穴
氣束不聚亦往費人口吹火一般同口變氣聚吹得紅口
開氣散吹不着又似人口吹响器萬物結菓先結蒂真龍
正面先朝泰天心十道無偏倚當中正對明堂神此歌尤
勝疑感經此是認龍真秘訣熟讀熟記莫輕淺

認穴情砂水秘訣　口訣

識龍尤於難識穴穴中玄妙難備說二五精英造化機天命神功可巧奪來龍不知短和長但看到頭用一節五行惟取土木金名曰三吉結穴巒明淨土豐肥頭圓身正始為奇上開八字以遮風下開八字以蓋穴大八字蓋龍與虎蓋定龍虎無扯拽小八字分穴下合界定生氣無漏洩名曰大口出小口定然穴向小口出個字落脉方融結毡簷蓙口分窟凸陽落有窩陰有脊陰陽分處是真迹上無分分來不真内無生氣不融結下無合水止不真外無堂氣可交接上有分分下有合雌雄交度方成穴真穴反生

自奇異定有陽陰分窟凸陽(來)陰受窟中凸陰來陽受凸中
窟凸中復凸是純陰窟中復窟純陽出孤陰不生理自然
獨陽不長豈虛說孤陰女子無夫婿獨陽男子無妻妾女
子無夫何有孕女(男)子無妻必孤絕陽必配陰陰配陽陰陽
配合始為良上陰下陽陽中折上陽下陰陰中藏陰多陽
少莫湊毬(球)陽多陰少湊(球)間陰陽中半中間取片陰片陽族
過陽陰衰(盛)陽衰則就弱陽盛陰衰則就強動處是生靜處
死棄死挨生生處裝點穴既已識真地須辨龍脈之緩急
龍急穴急氣又急蓋急鬧煞絕人蹤放棺避毬而湊唇拖
出球外五六尺氣使臨頭不合腳眼乾就濕真法則氣急

理合作虛毡壘土為塋来接脉古鼎煙消氣上浮虛簷甫過聲猶滴龍緩脉緩氣亦緩壟緩脉脱退財產放棺避簷而湊毡陽脉緩弱當聳上此是點穴密竅話留傳後世作寶筏

認砂秘訣　口訣

論砂容易不為難総在明人眼界間倒側歪斜非吉兆粗雄突几総凶頑破碎峻嶒為刼煞飛竄走閃盡凶殃刼山照破全無地悪煞當堂禍莫禳尖圓方正名三吉清秀美麗是吉祥圓者不宜粗臃腫尖者最忌腴峞岩破在吉方不為吉秀居凶位亦榮昌生砂柔如角弓樣死砂直硬

似刀鎗貴砂尖秀圭笏筆富砂囤滿庫盈倉聚米辦錢富
而已倚刀球杖貴非常富則銀屏金盞注貴則玉印與金
箱蟻聚蜂屯財谷地擁旗建節姓名香石壁稜稜為刼盜
鎗箭簇簇凶強良順水順砂為退筆宅墓逢之皆不吉縱
有良田千萬傾房倒房興終不一逆砂之水曰進神屈曲
轉頭財便興若有數重逆揷上房房大興一般均一砂走
竄一砂飛為却家財鬻住基更見外山皆走去路死他鄉
不見隸砂若直来如射箭家遭凶禍年年見左長右三中
二房次第推来無不驗龍虎須教曲抱身昂頭踞足定傷
人邊直邊壞虧位多邊有邊無一房興外砂来抱無空缺

百子千孫盡均平始主拏拳人忤逆拭淚搥胸損少丁莫教齊到東尖利同胞兄弟也相爭青龍若竄過西宮長房人財盡皆空白虎竄宮幼子敗西般禍福一宮同過宮轉頭無防碍此房人產極興隆玄武吐舌為退氣必主中房破敗凶龍虎裡面內明堂須令潔淨要圓方若有土堆並石塊眼目產難見刑傷外堂亦是要寬平勿使凶砂碍眼睛最怕斜飛併散亂便兼駁雜不分明形似蝦蟆人氣項樣如屍臥婦人淫豬肚須防少姑事羊蹄忤逆亂人倫馬腿牛胞羞不顧鵝頭鴨頭暗私情提籮乞食沿街唱灰袋烟色外死人持杵冬瓜招腫脚有結鶉衣徹骨貧朝山遠

近要相當不見主弱見賓強近宜抵小方為吉遠宜高大
要端方最要有情無別意方為真案可朝堂若是無情不
相戀秀如圭匣也虛閑露体献花真是醜蛾眉粉盒賣米
顏亂頭側面男為盜閑脚撚裩女犯姦富貴雖然在龍向
許多閑節在朝山筆架三台出卿相滿床牙笏世為官金
箓玉簡翰苑威玉瓶金爐學士班橫琴縣令知州定玉屏
駙馬總朝綱席帳襆糊為步貢栖袍堆線黃金堂文筆聯
珠并屢展誥魁聯科甲顯文章鳳閣龍楼呈秀麗狀元宰
相自相當比訣辨砂有貴鮑總要秀美與端正能知山情與水意
賓主相宜始為良敗絶朝山有盟証偏側斜揷並飛砂

認水秘訣

口訣

水法最多難具述畧呈大綱釋迷世傳卦例十数家彼吉凶用不得宗廟水法俱是假尤有紫微壺中卦有好龍穴福自然豈因此水便不折試把人家祖故辨拘此水法何曾驗合此水法反退財不合之家福亦然所以真龍與真穴因此水法皆拋別自然水法君切記無非屈曲有情意來不欲冲去不直橫不欲反斜不急橫須歛抱與灣環來則之玄去屈曲澄清停蓄為佳傾泄急流定無益八字分流男女淫川流三派多官刑急泄急流財不聚直來直射傷人丁左射長房人口喪右射三子人不旺若然有水

射中心二子房位定損人掃腳蕩城子媳少冲心射穴孤
貧夭反跳人離寡母淫斜割破財損人丁皺米兒孫窮到
底捲簾塡（塡）房並貴人池湖凝聚鄉相職大江陽朝貴人敵
迴旋遶會值千金交鎖織結福強深澄清出人多聰俊污
濁人財不潔淨飄飄斜出大不吉男女貪淫總破家直冲
反射是大煞來去直流淫慾發零正不明要分論縱是大
地亦損人更有玄空是正經挨星水法不奉情宅墓逢之
大吉利自然富貴旺人丁屈曲流來秀水朝自然金榜把
名標知玄流去無妨碍財豐亦主官豪邊水法須辨來與
去兼看屈曲有回顧洋洋悠悠顧歎蹤（留）兒孫富貴期千秋

倉板朝来家巨富交劍水来亦嫁姤潑面水来穴坐抵催喪人口的無疑裏頭之水雖灣遶逼穴鎖身禍非小九曲朝来為第一一中三次遷官職入懷腰帶最堪誇代代傳揚富貴家龍穴不真水法好数代人財亦可保龍穴雖真水法凶人虧祿喪見貧窮看水莫依八卦論但要灣環與交合有水無水亦結地山水相稱為大地此是認水真口訣莫向人前亂分別看水不論八卦是在八神之中得與弗得明水之内亦在明人眼界中分認吉凶禍福山水均半在學者觸目驚心自然而得者也

水法者紛紛不一而水合錯認水法有好穴便棄之而不

用此論之所誤者水也山龍之水不必拘泥亦不在遠近明暗非平洋以水為龍其權者在水山龍之水所忌者直冲反射割脚淋頭當忌庸術言過堂不過堂是為胡說之致也不過堂必反不拘遠近之水橫過均是吉水又言八大黃泉水為煞水此是偽造者也楊公並無此法因蔣公已辨黃泉八曜之非而黃泉並無確証而山龍多有無水者融結大地乃遠山遠水有情意故結大地庸術何常窺見乎據定貼身之水而為吉凶縱然有地而認為無地無地而作有地將地理五訣之書翻倒復來害人誤人莫此為甚看書以為自精自悞悞人都是此書所害也後學者

多看平砂玉尺經自然由淺而入深豈能悞人者哉

登穴秘斷訣　口訣

穴者塋口也先看五星次查八方羅列分房各位所居分別陰陽生尅大看星體小看土角陽看屈哭陰看窩鉗陽煞多生貧寒陰煞多主敗絕逼壓人丁稀少走竄盜賊離鄉方正出人忠厚低斜出人狡猾空窩出人孤貧掃蕩必是淫乱山坑相射嬌女貪花娥眉帶水母女接客金水帶石室女懷胎太陰帶煞寡母生兒主星掃蕩翁媳同牀青龍擺首叔嫂同眠破軍帶金人生鬼子廉貞帶火獸產人形砂水反背忤逆無情峯峦斜反癲狂妖術水杓香爐僧

道符法靈龜橫笛卜醫如神吉宿曜時正産英雄子壻成
題雁塔客峯巒起照旺人丁水聚明堂多財帛奸雄幽惡
破尖多假貴應名峯太雜水直定是無財産山壓定知人
丁少山秀明堂水不聚定斷丁多家無財水聚山砂有高
壓必是財多人丁少陰風地漏絕人丁倒骨翻屍此中斷
陽風天白主孤寒須知白蟻蛇鼠侵天白有土初年發地
漏坪後代昌天白土厚人富貴地漏平廣永世疑穴盡砂
曜多生貴圓滿出富定無疑左砂順水長子去右砂順水
三子離外有峯峦捍水邊離鄉別境方為貴明堂傾瀉二
房難左肩受煞四子寒右肩受白六九孤入首太急五子虛

土星低陷更受煞定斷五八絕宗支明堂廣濶初代零丁
前山崩破莖下凶生鬬煞立見死亡離脫定主絕嗣登穴
若見斜人丁耗散絕下手見空窩家業主空虛前山露頂
男女偷好主星低陷子媳夭亡龍虎擎拳鬬家狼毒左右尖
射弟兄持刀來短去長狹促逼穴父子不是左牽右拽腳下
斜飛夫婦反目破軍帶水木工之流掃蕩見金百藝之輩金
星灣曲田親富貴木星帶水作客興家太陰崩破下貪狼女
子隨客走他鄉太陽帶煞下廉貞作婢身而榮金發中抽
出木永歲須承繼帳水脈斜行代代是應生太陰垂土誥
男為附馬太陽見箱櫃女作后妃太陽帶笏頭偏為內宮

太監貪狼出身尖長武武士烈士太陽任放貪狼一门貞
節貪狼尖聳落天光一世忠良龍旺峯巒得地少年登科
甲穴吉山砂失位白道成家娥眉金居右伴女俊無疑貪
狼在東方男清有情太陽右伴女壻為官太陽穴俊丈人
作相青龍高男子英雄白虎強妻妾爭檀明堂廣闊出人
寬宏大量局勢迫促出人見小性剛豬肚亡拋扛[illegible]尸入
屋棕葉破傘客死江湖午未嵯峨馬傷人命戌方赤口犬
咬小兒辰戌水冲陀背瞽目丑未風吹缺唇跰脚寅申昂
頭小兒虎吞巳宮聋動子媳蛇傷山忌瘦濫砂忌斜飛水
忌直冲反射淋頭割脚擺頭洗背堂忌無餘氣龍山向水

砂各有忌焉

又曰砂如芭蕉屋被火燒砂如鐵鎖帶枷入牢穴前小山名曰墜胎小山在左男子瞽目小山在右女人眼盲又主抱養人子直射故前人命相連左射長當右射少亡中射心直射中子遭殃砂若閉胸必定遭凶砂若擎拳忤逆之徒砂若拖鎗賊徒受殃砂順水流子孫貧窮砂逆水逆富貴無休砂隨水走不留一口砂去水去賣盡田地橫砂相欄富貴清閑砂若反弓主生貧窮砂斜水斜好淫貪色砂如人卧担枷帶鎖浮尸隨水走路死不回家娥眉反背婦人淫灰帶居前被火燒貴砂似樓台富砂如廚櫃凶砂無情兼破

碎貧砂是反背龍虎投河人自縊砂如乱蘇公訟生砂如
伸手摸胸出醜両手砂推車敗田敗家砂若乱舞作奴婢
前砂尖射盜賊累家砂如破腦勞血怪病砂如駝背人跛
脚前有悪石出瞽目帶旗帶鼓砂必貴帶倉帶庫是富砂
山頂開口名罵天是非口舌鬧顛顛當面起拳搥胸必然
靈面呼號揪拭淚探頭側腦男為盜脫裙褪褲女犯姦尃
心熟記此斷訣靈如活仙作福人
又曰下合無分浸水上分無合却入泥分遠合近主烏湿
分近合遠主入土坭高山忌風吹入穴死氣巒頭骨黃沒
陽風掃面必入坭筋骨黃沒不須猜離氣白沒深入水塋

浅還是土和泥筲箕甕呂及窩竹枕空窩並擦槽茔深是
水浅入坭覆掌孤陰坭水同無珠無乳無鉗口氣直假脉
不須安若然誤扞主敗絶棺中有水壙中乾開脉屍骸一
定捐離脉定主棺材爛界水無分來不真陽風掃蕩白蟻
生漏脉多見入坭水離脉又是入蟻虫八風吹動主翻棺
茔必定入清泉茔浮木根便侵棺祿存入泥水無水骨也
烏廉貞生白蟻無蟻骨生塵文曲入清水田穴入鰍鱔破
軍入泥水貪狼蟻虫真黎壁水土入棕衣入水泥亜了頭
金剛肚菩薩面穴一齊無泥水入棺當硬斷莫来猜去西
糢糊貪狼生茜草輔弼白如銀武曲黃金色巨门紫黑粉

文曲峦頭入乾土左右同見亦如此若然深者入清泉滿
面無夕水帶泥廉貞殺浅木根入殺深定入鼠蛇虫左右
小石成（戓）堆最怕鼠狸做薮来又有煞来焰入穴鼠打金骸
另開別峦頭有煞是廉貞須知白蟻滿棺生純陰一定入
水泥雜氣白沒定無疑更有穴後廉貞焰滿棺蟻虫定不
虚純陽亦是入泥水閙脉破球於土真若是竹冨木草根
明堂低陷泥水生滿面文曲無球乳近水池邉入鰍鱔四
維文曲即破軍翻棺屍骨見刑傷四面凹風来射穴翻棺
乱骨禍慓烈四庫風斷亦同前連有人命徒頼迁前後左
右乱拏拳穴内怪物生棺中近水堂前鰍鱔泥更有吊堂

無餘氣掛壁之形覆屍体輔弼之頭入水泥蛮頭粗蠢號爲陰筋骨黑爛如魚凍櫈桐直之下如鎗人命是非敗家亡陽來陽面不鑿口棺内必入水陰來陰面不披閒棺中必如入泥急硬穴情龍虎壓乾土鹽霜没急硬穴急明堂傾腳下生烏没禄存壓曲死横窩遂然骨硬烏魚凍文曲口葢併炤穴須知棺中白蟻生廉貞炤穴虫蛇見破軍必然怪物生木硬無節樹根入金硬無窩泥水凝成有人識得此秘訣步位斷來人欣悅時師何嘗得此竅乱猜乱講把人惑

小引　時師言看金龍有形無形之論謬矣殊不知金龍

出於玄空大卦動者是無形之氣也生旺一卦得時得令謂之動不得時得令謂之不動如不明易學豈知動不動由如痴人在說夢耳

驗穴之法先明來山五行星体形勢無有損傷破碎穴中之土厚薄山水之性情山有情水有意者穴也如無情意斜飛乱竄或砂逼壓形不正者非穴也或朝對不正破碎照穴土石尖利薄削煞迎穴心草不能生绝敗穴也無胎息堂氣無收束者敗絕純陰是無胎息純陽無化生腦敗絕四山逼壓敗绝大穴者形勢端嚴有情意土必豐厚四山無缺限對朝有情端正鋪毯結昬大地也

地理賦

地理本於河圖洛書乃包符之秘旨古聖賢皆深明之而未嘗顯言其理特或流露於經傳之中但儒家讀者不察耳自凡師遞出大易失傳此道遂廢東晋郭公景純遂於易理私淑管輅之傳始著葬經而言簡義太深後人無從悟入於是偽法蜂起至唐時已有百二十餘家斯時楊曾二公著青囊天玉寶照經以正其謬而邪說終不能止迄清初蔣公諱大鴻字平階先生得無極子之傳著有辨正一書救世而偽妄之法反藉蔣氏之名以售其欺枉偽書雜出門戶角立惑世誣民莫此為甚余授先輩之傳未敢自

矜但於辨正一書頗亦透徹而真訣真文要明師口傳心授方能入奧若不得師傳專向書中搜求縱有智慧之士亦難悟穿也世有將此道輕視讀書以為自得自精便操人身家禍福之柄自向其心不能說其所以然豈不是自悞〻人又有行偽法者三合之類也更加甚焉余亦難枚舉術家假道一味逢迎奉承愚夫愚婦被他迷惑待凶禍臨頭人財皆空悔之無及只有痛哭而矣假道乃天地邪設有鬼神用事德惡邪致蔣公平砂玉尺經立辨偽法之非奈儒者抵死不悟何哉

重地不重房分論

地理諸家將房分紛紛之議論原未辨正有以左屬孟中屬仲右屬季有以右屬孟左為仲中為季有胎養生沐為孟冠臨旺衰為仲病死墓絕為季有以乾坤艮巽為孟寅申巳亥亦孟甲庚壬丙子午卯酉為仲乙辛丁癸辰戌丑未為季有以震巽為孟坎離為仲艮兌為季各說不一謂某位失陷即損某子如斯多者又當何論是不明理也而豈知房分在玄空大卦之長中少男各有定位輪流週轉似諸家之泥論也今之泥諸家者往往弟兄居多爭執偏損累有久停親喪不葬棄置一切吉地而卒之偶葬凶地同

棘於盡可不哀哉　更有先逝之祖父母已安吉地被庸術一言偶中某房不利遂至改吉移凶衆房同絶或人衆阻執竟致滅族鬦訟私盜喪走等禍害人毒理之談不可不辨果是地之凶悪尤當改移則為救貧若執諸家之論以房分而相地要四圍羅城山峯齊列方均若位上有一缺便言某房不利豈有是理乎偽行如此豈不聞經云世人只愛週圍好不知水乱山顛倒胡行乱作害世人福未到時禍先臨依諸家而論四圍不缺方位亦均房位便平而楊公則反以為禍究竟尊諸家耶尊楊公耶尊楊公既有禍安得有均房分之理楊公是宗大易青囊之奧也而諸

家是無稽之談凡高明者不可信之免悞親喪不得吉地也　隨朝文帝有云吾祖地不吉我不當為天子吾祖地若吉我弟又何死於戰場耶此言吉地房分之不均者須知天傾西北地陷東南天地且有缺憾何況於房位乎大凡有不均房分者終有天意豈非人可強乎必須培心田挽回天意若區區於此豈不陷親骸久困匪惟求房分之均而不得且益致不孝無所禱也

更有一說房分之出於玄空大卦本然有效然而祇效三十年前不能效三十年後假如得一吉地葬親應發仲子而敗長子三十年前效矣至三十年後或長子殁得吉地

葬之則長房轉禍而為福矣或仲子殁得凶地葬之則仲
房福消而（禍）臨矣長房仍葬凶地仲房仍葬吉地所謂種豆
得豆種瓜得瓜也（矣）理自不爽抑或（並）葬吉地則前之禍者不
見禍前之福者仍見甚（其）福總之房分不均皆由於心田之
不一也（者）　帝君曰有陰地無心地不可發有心地無陰地
亦可發心地陰地均有富貴即有人才悠久心地陰地俱
無豈能發也至於房分之議論世之不明理者每每爭鬧
久停親喪而明理者何常有鬧碍也但是有福（德之）家必遇
明師無德之家定遭庸術乃天地鬼神暗中有巧報也（者）
孟子曰禍福無不是自己求之故房分不均而心田之

不一也天公報應所有憑耳夫吉斷無房分不均吉地亦看時師如何用法吉地豈無十全但要弟兄各存心田同心同德培植根本自然房分均平又何在諸家泛論之中此地均房分即有十全無心田要房分數千百家亦難尋一穴明此理不辨亦自明矣

要求房分均平之地不難有心求之最難無意求之最易取其平常一點光明而自得之總而言之為親求地要擇明師不可模糊但遇庸術妄談某地傷長房某地又傷幼房使其當事者不但無主宰東尋西覓盡得凶地多有損人利己福己禍人之心豈有房分均平之地與汝耶縱有

焉能應乎先有心地則可以求安親之地不受風水煞蟻虫等患即是地親魄安則衆子皆榮如親魄不安而衆子未必榮矣各存忠孝之心自有吉地福蔭子孫此為第一妙法是大有俾益於仁人孝子者也

天地陰陽精義

夫太始之初一炁之先輕者為天重者為地陰氣之精下凝為地而山林川澤陽氣之精上騰為天而風雲日月星辰故天依乎地地附乎天天體圓數奇而氣陽也地體方數偶而氣陰也奇偶數分陰陽數合　朱子曰天地初開只是陰陽之氣此氣運行磨來磨去便拶出許多渣滓裏

面無處出便結成箇地在中央氣之輕者便為天為日月為星辰常週環運轉地便在中央不動又曰一元之氣運轉流通晷無停閉只是生出許多萬物而已矣地無心而成化四時百物生春夏秋冬即東西南北之氣也學地理者先要明大易知天文後可言地地道則可以盡人道世之業理者多有不知易學星學偽妄之甚者也

趨吉避凶之法無非體用生成之妙苟非言體而輕用即或重用而失體更有稱判官求食之說以駭愚夫赤子全不知收山出煞陰陽交媾挨星順逆之訣凡此之類百路

千岐一瞽能眩百眼一聾能塞百聰以訛傳偽定為妙論
為害匪淺故特舉此以告同志者蓋闡程夫子有言有理
而後有象有象而後有数得其義則象数在其中矣又曰
至微者理也至著者象也體用一源則可知乾闢坤闔三
才玄奧之大旨矣陰陽非神也陰陽不測之謂神知其神
則山川之性情宇宙之関會可得而全覩矣
朱夫子云陰陽之道萬事萬物各正性命不以先天後天
之定陰陽從何規見天地交媾之妙陰陽從此生矣地理
中陰陽即天地者也世之庸術只知用後天地盤二十四
山定穴立向砂頭收水則陰陽相見全然不知並不曉先

天之妙用殊知先天為體後天為用若不明体用而言地學之大道真是痴人在說夢耳世上假地學者盡是糊塗虫也

三奇起例兼尋循還太陽到山法

立冬乾　秋分兑　立秋坤　夏至離

春分震　立春艮　冬至坎　立夏巽

陰逆陽順之法

順逆加尋三奇元惟有九星並日月但臨坐山任施為能制太歲與諸煞傳得奧妙仔細推

尋奇譬如今年庚寅年春分節從震宮輪起甲子震甲戊巽甲申中乙酉乾丙戌兑丁亥艮戊子離己丑坎庚

論年

寅坤即以五虎遁戊寅由坤宮順飛乙奇在離丙奇在坎
丁奇在坤倣此 飛宮輪之
又如谷雨後尋太陽以壬午日用事是春分節管局即從
震宮上順起甲子震甲戌巽乙亥中丙子乾丁丑兌戊寅
艮己卯離庚辰坎辛巳坤壬午日在震即從震上順飛數
土金炁羅孛日月計木日落在艮月在離太陽到艮
艮山可作丁奇在向坤卦亦美矣
數此九星順飛 土金炁羅孛日月計木 看日落何宮
即是太陽到坐山對面者是到向一卦三山皆大利三
奇照此一樣同 其訣以待口傳 在田氏識

斗柄所指法

月月常加戌時時見破軍破軍前一位誓願不傳人如正月建寅即以戌加在寅上順推数去戌在寅亥在卯子在辰是斗柄指寅辰也所指者吉所到者凶故曰月月常加戌時時見破軍破軍者斗柄所指之方位也但所指者是天心所到之方之也即北斗七星貪巨祿文廉武破是也總以寅加戌卯辰亦加戌諸月都如然俱在本宮上推尋則指掌了然乃為地道之右旋法耳斗杓所指者修造埋葬一切動作用之極佳福力最大　解曰北斗有七星第七曰杓又曰破軍前一位曰斗斗杓所指衆煞伏藏矣假如罡星在

指子其身在午所指者吉順之也所在者凶犯之也餘倣此。

或問曰雨水驚蟄何以指辰余曰雨水氣候起算至驚蟄三十日皆屬正月建寅月將是專論氣候也故斗杓以戌時加月建寅亥時加卯子加辰則子時修辰方吉丑時指巳則丑時修巳方亦吉餘倣此數推

雨水 驚蟄 子時指辰
春分 清明 子時指巳
谷雨 立夏 子時指午
小滿 芒種 子時指未

夏至 小暑 子時指申
大暑 立秋 子時指酉
處暑 白露 子時指戌
秋分 寒露 子時指亥

霜降 立冬 子時指子
小雪 大雪 子時指丑
冬至 小寒 子時指寅
大寒 立春 子時指卯

按斗柄所指者吉依節氣推佈用之而用訣口傳可也

在田識

加息阿
比亞

五車二
西

二十八宿斗
木獬是五
星也

南斗

北極
天樞

北斗

東
織女一

南斗
六星

北斗
七星

天市 此乃天市垣寅宮度中斗星與獬星相近北斗環繞北極星一日一週故

紫微 見其位與方向恒有變更如正月初昏斗杓指寅夜半斗衡指寅平旦

斗魁指寅北斗一至四為魁五六七為杓合而為斗第五

太微 為衡北斗不止有七星而全於九加輔弼二星存第六之

少微 西旁故也

北極為天樞居正北加息阿比亞即壬艮四王良一當秋時居最高北斗星在北居最卑

五車二在東轉西織女星一在西北轉東冬至時在北極之西夏時在東北

方北極為天之主其星最光明者北斗也又曰斗杓大水杓也

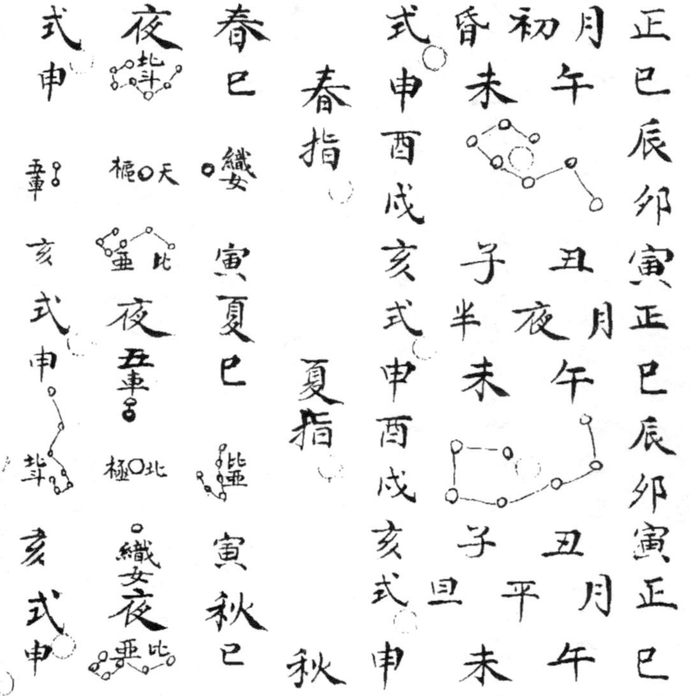

正巳辰卯寅正巳辰卯寅正巳辰卯寅正巳辰卯寅

月午 丑 月午 丑 月午 丑 月午 丑

初昏 未 子 夜半 未 子 平旦 未 子 午中 未 子

式申酉戌亥式申酉戌亥式申酉戌亥式申酉戌亥

春指 夏指 秋指 冬指

春巳 織女 寅 夏巳 北斗 寅 秋巳 五車 寅 冬巳 北斗 寅

夜 北斗 天極 北亞 夜 五車 北極 織女 夜 北亞 北極 北斗 夜 織女 北極 五車

式申 五車 亥 式申 北斗 亥 式申 織女 亥 式申 北亞 亥

此用斗杓之法詳明天南地北經緯宮度南北極之尊卑

用之則吉也以加息阿比亞之宿與五車之二星暨北斗

宿與織女一星分為天四隅之界限既撮舉所見之星約而言之凡從四天宿學者當此為始而後詳察諸星数去不致茫無涯矣按北斗註釋曰一天樞二天璇三天璣四天權五天衡六開陽七揺光輔弼二星在第六星之旁當秋夜初更在北極星之北地平之中冬至時在北極之東其極柄指下春時在北極星之上居天之中夏時在北極星之西其柄指上按四時而推步勿差毫髮也

正所謂北斗九星統天之氣者此也

用斗杓之法先學天文然後可以入奥

祿星若然上御街萬事長有福

癸祿子 乙陽己陰貴人
丑 甲陽戊陰貴人
甲祿寅 辛陽庚陰貴人
乙祿卯 癸陽壬陰貴人
辰乃地網也
丙戊祿巳 癸陽壬陰貴人
丁己祿午 辛陽庚陰貴人
未 甲陽戊陰貴人
庚祿申 乙陽己陰貴人
辛祿酉 丙陽丁陰貴人
戌乃天羅也
壬祿亥 丙陽丁陰貴人

貴人調得登天門富貴永無欹

甲戊兼牛羊乙己鼠猴鄉丙丁豬雞位壬癸兔蛇
藏庚辛逢馬虎此是貴人方
戊甲兼羊牛己乙猴鼠鄉丁丙雞豬位癸壬蛇兔
藏辛庚逢馬虎此是貴人方
乾坎艮震四卦屬陽左轉貴人臨亥至辰起右
貴人陽
巽離坤兌四卦屬陰右轉貴人臨巳至戌起左
貴人陰
若貴人臨卯辰巳午未申則用陽貴人
若貴人臨酉戌亥子丑寅則用陰貴人
如捨此則難知真貴人臨何向矣
甲課寅兮乙課辰丙戊課巳不須論丁
己課未庚申上辛戌壬亥是其真
癸課原來丑宮上分明不用四
柱神

月令中星大火催貢福富貴並門灶秘訣

經曰火星不起官不顯不握重權哉火散火星不起日月明亦主其家生貴子火星宜起應天宿仍觀造化真陰陽比火星乃十二月之大火月太陽是也查月太陽之貢福益人甚速即火催官星也非豎造係所避之天火星圖係昏中旦中午中夜中其餘各時可挨度轉盤閱之如昏中是胃則夜半中是柳旦中是氐則午中是女之類也細閱中星實由太陽躔度而轉何以見之於大寒十日後立春五日前艮龍司令則太陽在女十二時皆何女星旋轉也而中星昏中在胃夜半中在柳旦中在氐則日午中在女也

又如立夏数日後太陽入昴十二時亦向昴旋轉各方

而昏中在星夜中在房旦中在虛而日午中又在昴也此

中星由太陽旋轉也月太陽之貢福不益見哉

又如正月中旬寅龍司令昏時昴宿在端午门則大火虛星

換在虛故甲龍見庚砂高大為帝座有星見子砂高為大

火星應天宿者也

灶坐火門

鍋灶人皆為細小之事殊不知五宅之要務如灶壓本命

生氣方則懷鬼胎或落胎不產即有子不聰而不得財不

招人口田當損敗如壓天醫方則久病臥床体弱服藥不

效壓延年方則無壽婚姻難成夫婦不和傷人口損田蓄
貧窮多病若壓伏位方則無財無壽終身窮苦其四吉方
不可以灶壓之宜坐煞向吉蓋不指統宅之煞位言專就
統宅中吉位之煞言也係吉方之煞位也值灶坐煞位而
灶门向吉方謂之坐煞向生否則坐生向煞為陰陽反背
门與床亦同此論灶坐破軍方得財發丁無疾有壽招奴
婢無火災坐六煞方得財發丁無病訟火災無退財滿门
清吉坐五鬼方無火災賊盜奴婢勤忠田蓄旺
灶入乾方號滅门亥壬二方損兒孫寅甲得財辰卯富艮
乙遭瘟巽火災子癸坤方家窮困丑傷六畜禍不停巳丙

益蚕庚大吉逢得午位旺兜孫申酉丁方多疾病辛宮小吉戌難分又云灶在卯方命婦夭亡閘門對灶財帛多耗灶後有坑絕嗣孤寡井灶相連姑嫂不賢灶在垠邊家道不延灶在後頭養子不收牀前有灶心肝肺疾樑下有灶必主陰勞房前有灶在丑未主生邪事禍端坑若居近灶主眼疾風病邪怪多端灶底忌有溝天井雨飄淋門対直冲背後横路屋脊正壓背後空隔一切均忌

作灶忌日

正五九月忌丁卯　二六十月甲子是三七冬月癸酉日

四八腊月庚午凶　其作灶另有吉日可選

坐向務以宅主本命是何宮依法而用無有不吉也

三元選塟課推祀主與大小月建法

男命一上中下四七宮逆推去數看本命落何宮如下元丙申男命係值二黑不用此宮餘可同類推

女命五上中下二八宮順行去數看本命落何宮如下元戊戌女命係值六向不可用此宮餘可同類推

大月建起例法

子午卯酉年起艮鄉寅申巳亥年坤宮當辰戌丑未年中宮發逆走三元定位方犯了月建死家長正月逆推仔細詳

如甲子年艮宮起正月用飛宮逆推正月在艮二月在兑餘傚此

小月建起例法

陽年中宮陰起離順飛九宮定建方犯了小兒傷（陽年在中宮起正月 陰年在離宮起正月）俱順飛

論都天煞訣

論年　年甲乙丙丁戊己庚辛壬癸

戊都天　方辰寅子戌申午辰寅子戌申午

己都天　方巳卯丑亥酉未巳卯丑亥酉未

夾煞都天　方巽甲癸乾庚丁巽甲癸乾庚丁

（忌與五黃同宮則更凶）

橫推直看如甲己年辰是戊都天巳是己都天巽是夾煞都天倣此

三元值年太陽調照對照起例法

立春日在子則申辰二方得其對光照午

驚蟄日在亥則未卯二方得其光對照巳

清明日在戌則午寅二方得其光對照辰

立夏日在酉則巳丑二方得其光對照卯

芒種日在申則辰子二方得其光對照寅

小暑日在未則卯亥二方得其光對照丑

立秋日在午則寅戌二方得其光對照子

白露日在巳則丑酉二方得其光對照亥

寒露日在辰（辰）則子申二方得其光對照戌

雨水日在壬則乙坤二方得其光對照丙

春分日在乾則甲子二方得其光對照巽

穀雨日在辛則丙艮二方得其光對照乙

小滿日在庚則癸巽二方得其光對照甲

夏至日在坤則壬乙二方得其光對照艮

大暑日在丁則甲乾二方得其光對照癸

處暑日在丙則辛艮二方得其光對照壬

秋分日在巽則庚癸二方得其光對照乾

霜降日在乙則壬坤二方得其光對照辛

小雪日在甲則丁乾二方得其光對照庚
冬至日在艮則丙辛二方得其光對照坤
大寒日在癸則庚巽二方得其光對照丁
立冬日在卯則亥未二方得其光對照酉
大雪日在寅則戌午二方得其光對照申
小寒日在丑前酉巳二方得其光對照未

此二十四氣應二十四方為三合之准則應驗甚速與時師之三合不同只有亥卯未巳酉丑等之合並不知太陽躔度過宮照臨三方奈時師錯悞豈能與人造福耶後學者熟記胸中無有不應天道之左旋法耳

閘門安牀催丁天喜紅鸞起例秘訣

世之艱於後嗣者太抵不知紫白之吉凶未辨氣運之生死致令吉莫能趨凶莫能避皆生氣而反乘死氣欲求子嗣

者冢也蓋取方催丁猶培地種樹焰滑培繼灌概自然生枝茂葉勃然有待勉強者人之生也何獨不然若能趨吉避凶乘生旺之氣自然誕育　如一白八白三碧太陽天喜祿到牀门決主生男若二黑七赤九紫太陰紅鸞亦到牀门決主生女

日期與方位調用者是也其訣以待口傳但不可妄用必先察其德惡而後可也其中之有善惡用催丁一法是天星天運之主宰是也

天喜紅鸞秘訣

紅鸞在子位常加卯丑年加寅每逆行天喜但象紅鸞對

十二支中送不停子年起外是紅鸞酉宮即天喜丑年寅
上是紅鸞申上天喜故曰對位一年一位逆節數去不差
分毫但天喜太陽生男　紅鸞太陰生女如甲子中元
四綠值年中元上推求床門坤年或年床兑門總以坤兑
年三方開門安牀月白並臨其方即受胎生男
二黑值年坤巽離三方月白同到門床主次年生男
一白值年六白在坎八白在震月白同到二方安牀開門
主三年生男

多年不育者用此法即生男累試累驗男老女幼用之亦有育世有貿產又一法可
治永無貿產　此訣僅丁極應驗最速另有口傳二法不能筆之於書云云

假如壬戌年太陽在亥天喜亦在亥若房牀均在亥方月白亦到決主生男

此訣應驗迅速毫髮不爽但要男女無病者可若無人心者不可

神仙留下張床　奎婁牛尾參心昴　安床若犯此七日

十個孩兒九個亡　又忌者四正四廢天瘟天賊死氣受死不用

宜喜用天月德合天恩天喜三合益後續世青龍金匱生氣五合六合

開成執定日均上吉其餘取用要明天文者亦可

煞方安床反吉昌（坐煞向生）蓋不指統宅之煞位言專就統宅中吉

位之煞方言也於吉方位上之煞方也開門安牀而向生氣方為上吉否則坐生向煞是為陰陽反背小子夭亡常見災禍安牀亦然男命屬火即用寅午之日時以合為吉或午日寅戌時或寅日午戌時亦為上吉餘可類推求此訣勿輕洩免遭罪戾也

合局之用為妙旺亦看旺於何方天喜在何宮用之則生男育貴子三合以絕胎養為主煞方可已不忌也非三合家之衰墓旺絕胎之所屬也

世間之男女有不育者其中自有惡焉擇吉安牀拜斗可以生育有貴產者有難產者有育而不能養者亦有損於男女者亦有損於陰陽二宅者亦有損於淫慾者損於病者或先後天之不足者余自有玄妙挽回者也尚可以承宗接嗣使子孫旺相也

在田識

地理地元敘

地學一道貫夫大易天寶地符之秘旨也法形日　事
後世分作三家各立門户其理不甚相合青囊經云天地
為萬物父母自天地定位山澤通氣雷風相薄水火不相
射中五立極萬物始生河洛降世九宮統地之氣九星統
天之氣上下相應而成一體九星在天象在地形因地形
察氣立人道者此也俗師以形家尋龍點穴而用埋葬呼
形呼式以戕（惑）人心不知大易之理河洛之象形體用生成
之妙巒頭理氣之奥五行九星之變動此法家之精微如
不知法而言形自古（未）有也捨法而言形是偽者（之偽）也斷無

知法而不知形者形則自明矣知法形則擇日自明矣涉者天文星學均在其中矣得法則形日均得也有獨言日家者星學之類也知日家而不知法形者亦有是也但地學重則受明師口傳心授經傳之中有法無訣蔣公云傳書不傳訣亂傳非人恐犯造物之忌洩天機天律不容故經書中有法無訣直解云得真傳者無幾人矣世有假冒地學者最能言談善與地上取名乖謬之甚者也有不識字而講地理者真是掩耳盜鈴實為可笑世有未受師傳之徒自作自矜看書了了用事糊塗自誤誤人但似是而非並且大言欺世自已捫心自問亦不相信也有等走江

湖者用異端害人妄言奇門遁甲者煽惑人心以射利愚
民謹戒後之學者切不可合污遁甲者歷代所知亦無幾
人如姜太公孫武子張子房興國安邦屯兵布陣天機秘
密豈有於此求衣食者乎此道亦不能行市況遁甲與地
理無涉有冒稱奇門遁甲俱是偽造高明者不可信之地
理多是得皮毛之疵者矣甚至有皮毛俱未得者亦有若得
精以求精胸中實學真無幾人矣深則見深淺則見淺矣
真傳必有真訣真文非是杜撰相假借乎三元之道玄妙太
深三合家只要有書即可以作地師並且父以教其子師
以授其弟以訛傳訛從古至今皆是真假並行吾師傳留

至此文。使其子孫以作家傳至寶。非敢濟世云爾。

歲

天運上元之末玄黓困頓之歲中天之吉

欽加雲南直隸同知即補軍民府鼎三楊義鐫

地元部

一篇 〥〡 目錄

斗首五行秘訣

葬祭用事　歲壓　的呼

蓋辰辨疑

月家官符　羅天進退

嫁娶吉日法

嫁娶忌避論

發用圖說

先後天玄機　六丁六丁

坤輿圖說

葬事俗忌

年家官符　陰符府

喪葬解疑

嫁娶吉日

選擇吉凶論　列宿月令別名

子息九十六局

太陽值日起例訣

甲己丁壬戊癸陽己卯丁卯癸卯順推從地支子位數甲子
乙庚丙辛陰乙卯辛卯逆推從地支子位數甲子尋太陽
假如前月若有己卯丁卯癸卯從地支上數順數至月建
是某甲子看落於何宮如即從其落子宮上順逆排去尋太陽
太陽落於何宮如落子宮應在坎　落於丑寅應在艮
落於卯宮應在震　落於辰巳應在巽　落於午宮應在
離　落於未申應在坤　落於酉宮應在兌　落於戌亥
應在乾
假如落於六初一羅睺初二七赤兌金初三八白艮土即

是太陽尊星值日是也。

北辰

北辰一星天中尊上將上相居四垣天乙太乙明堂照。華
蓋三台相後先其星萬里不能移。此龍不許時人知。識得
之時不用藏留與帝皇朝鎮國邦

候星造命千金訣

天機秘訣值千金不用行年與姓音但看山頭併命位五行生旺好推尋一要陰陽不涵雜二要坐向逢五吉（四）要帝星當六甲四中失一還無防若是早分使非法煞在山頭更何如貴人祿馬喜相逢三奇諸德能降煞吉制凶神發福多二位尊星宜值日一氣堆干為第一拱祿貴（拱）喜到山方為俞吉三元合格最為上四柱喜見財官旺用支不可有損傷取干取官逢健旺生旺得合喜相逢須避魁破與形衝吉星有氣小成大悪曜休囚困不作凶山家造命既合局更有金水来相遂太陽照處自光輝週天度数看躔

伏六箇太陽三箇際中間歷數第一親前後照來扶立脉
不可坐下支干缺更得玉兔照旺處能使生人沾福澤既
解天機字字金精微選擇可追尋不然地理庸愚術執著
浮文枉用心字字如金真可誇會使天機錦上花不得真
龍年月日也應富貴旺人家方方位位煞神臨避得山過
向又浸只待山家自旺處天機秘訣好留心支如不合干
中取迎福消凶旺處尋再查羅睺陰府煞也須藏伏九泉
舊

此訣乃渾天之秘法也不拘值凶煞而凶煞見吉星如君
子見小人則不失禮也小人見君子豈能為禍小人見小

人凶中之凶也（凶中吉吉中凶宜分別清楚）羅經者紛紛不一各執其說後世僞造青囊只有一法並無二樣楊公立三元挨星一盤即（極）為真訣不得師不知其用一盤（格龍）消納定向並無二三盤之（用也）內有交錯共路不知城門之訣則不知用此盤也如三合四生雙山番卦等盤人所易知一目了然人人都能用盤並假楊公之盤地學之書尚且能假何況於羅經乎世之庸師用盤又可笑又可殺不但兼在左右而誤用可笑以地盤立向以人盤消砂天盤納水天地人三盤不知從何說起楊公並無此法可殺者用在交錯上用在逃亡上主人敗絕不知其中玄妙只說後有靠前有朝對殊不知害

伏六箇太陽三箇隳中間歷數第一親前後照來扶主脉
不可坐下支干缺更得玉兎照旺處能使生人沾福澤既
說起楊公並無此法可殺者用在交錯上用在逃亡上主
人敗絶不知其中玄妙只說後有靠前有朝對殊不知害

亡穴葬後令人絕所有世之庸師並不知地理何者是吉何者是凶是地非地命他說其所以然連他亦瞅然矣余驗舊坟百無一與俱被庸術所害不合龍向者十有八九要求人丁富貴種須向陰陽二宅尋不葬真龍地豈有富貴根而地脉龍穴不可不慎也

鼎三識

楊盤挨星論

其式四正之左為陰如子左是癸四隅之左為陽如乾左是亥於三卦内地卦单用天人兩卦可兼用如坎卦壬子癸壬单用子癸兼用此盤用子之丙起壬丑甲辰丙未庚戌各一位自子之東起丙經四位而起辰方合江東之意

此八字順行謂八神四個一也癸在子之東起癸亥辛申
丁巳乙寅、八神逆行蓋甲庚壬丙辰戌丑未是逆子不與
天元同行寅、申巳亥乙辛丁癸是順子與天元一路同行
謂八神四個二也如坎陰卦子(陰)逆行癸亦陰逆行三位中
壬一陽子癸二陰子癸同行豈非八神四個二也(乎)故子癸
可兼、用若壬是陽順行陰陽之順逆不可混雜故壬單用
豈非八神四個乙乎卦有順逆之不同即有可兼、不可兼、
其、可兼者天人兩元之並用其不兼、者地元之獨用也
楊公用卦天元局只、兼人元之癸不兼、地元之壬、如來脈
與坐向水之去來合得八神即為合卦有一不在八位上

即是出卦人地兩局俱此例用也三卦即收得山來出得煞去不用此三卦則收不進山來出不得煞去是三卦為至要矣子之不可兼壬乃舉一以例其餘而子可以兼癸葢父母可以兼子息而子息不可兼父母也此用卦之精純者也而三合錯謬所以無根據每每誤人者也

選擇辨正精義

選擇一事紛紛不一惟正宗者天星與斗首五行此二者得法得訣習之精而地學可謂全備矣盲言日家無禍福是朝菌蟪蛄之見也此斗首五行天天星者渾天也從古至今皆有歷數之學惟楊公善知星象以地學救貧是以

擇日推星為主能使人人獲福但選擇定要得傳選擇為最難深則見深淺則見淺矣如數理精蘊曆象考成二書乃日家最要天星斗首亦在其中矣天星斗首之期撮其要而省繁取重者立命宮命度二者恩福星為主難星為忌七政四餘經緯度數為之繫要天元選擇辨正書精詳天星如得玄妙秘旨而日家之道精矣斗首者何也河圖洛書之為首也生尅制化之妙用趨吉避凶之準繩也如元神武財貪官廉子破軍五星之得位失位生尅制化定吉凶吉星得位上吉失位為半吉凶星得位吉失位大凶星星有吉星星有凶用得合法則吉不合法則凶能知五

星居內為吉居外為凶有居內為凶居外為吉先將內外分清則吉凶自明矣能識趨吉避凶則扶龍補山亦明矣但是扶龍補山又是一個訣斷選擇要先明紫白調遞之法方合河圖洛書之用也明精義則数理精蘊曆象考成亦在其中矣而象家師以象吉集要等等之書為選擇之用按圖索翼妄論神煞忌避多端每遇佳期吉地被庸師盲談邪說使人棄佳穴而葬凶地改吉期而用凶日庸愚之徒吉不知其何吉凶不知其何凶並無稽考選擇要明凶中有吉吉中有凶吉能壓凶是為上吉凶不勝吉是為次吉吉不稱凶則為凶日即如君子失政小人猖狂而神煞

古時未知有也自唐時呂才一行僧揑造滅蠻經妄談神煞駭退蠻夷今人畏坐三煞如狼虎而不知其何也坐三煞是絶胎養三字是節乃算命法也平砂玉尺已正其謬神煞並無確證然煞故有如五黃煞坐山修造埋葬即主損人大小月建坐山有制則吉無治則凶天地官符亦然戊己夾煞亦有法制惟五黃與廉貞為天地之主宰只可避讓不可故犯如恩福二星犯伏逆遲留則凶不可當餘者神煞概不足信如府廳州縣設官長足可以治小人而日家亦然趨吉避凶一定之理也俗師執死法詭怪之談假如他選一吉期已為全美殊知五黃坐山他是不知用

事後即傷人口。究竟不知所以然此不知吉中有凶也。如
明師選一吉期有凶。殊不知調得恩福二星日月斗杓。大
吉星到山向成格成局。諸煞潛伏。修造埋葬即能發福。此
乃凶之吉也。而庸師何嘗見聞乎。然庸師有一強嘴最會
說善。於奉承包出富貴人丁。故所人敬而悅之。發與不發
他自己瞅瞅矣。非包尒之出富貴。係包尒之謝財禮。世之愚
夫愚婦愚其所以然。殊不知修造埋葬兩事是禍福攸關
擇期不可不慎。用事後家順人安足矣。總之明其理。而到
用事亦無他議矣。如天星期單用得格局亦為上吉。斗首
期单用要分內外亦為吉。如天星斗首合用為上吉。単用

次吉訣云相地要識龍穴擇日必知天星青囊經為地理
祖之根外無二法不在青囊之的派真傳即是假法青囊經
將法形日註得明白法形日乃係一事讀者不察耳後世
分作三家曰法家日家形家角立門戶註書盡謬託假楊
曾蔣之名以為真訣殊知以假亂真地理之書汗牛充棟
三家之書自晋自清約三百餘家泛濫無歸然大道無多
只有青囊而矣得書故易而得傳得訣得文甚難蔣公云
非其人不傳恐浪洩天機犯造物之忌耳
斗首五行之法易於明白然用法有殊耳生尅制化用神
各有不同此為擇期之正宗也而外法不在經典之內識

者細察云云

天星選擇精義

選擇者修造嫁娶埋葬三事為人之要緊者也嫁娶期先察擇男女生命不犯歲星次察年月之利吉星生旺為吉吉星失陷為凶修造埋葬兩事同論先察来脉坐向後觀年月日時避去五黃占歲山戊都天巳都天夾煞都天忌與五黃同宮大月建小天月建官符地官符宜太陽恩福制伏餘者凶曜不必拘泥取太陽太陰恩星福星成格成局照臨坐仍為吉或合照拱照輔照夾照蓋照對照隔宮照橫天交氣均為上吉如七政四餘内取恩星福星不犯伏逆遲

留為吉若犯則凶日月有交蝕金木火水土羅計炁孛九星有留退若犯不可用再將調遞紫白避開五黃而七政四餘以張角法推步宮度行次必查列宿適得吉星到山向以天盤定星宮以地盤定山向經云上取（天）天星照地支空地翻成實地司取陽光燭照羣凶消滅死者得陽光燭照為復命即能福蔭子孫此天星之奧旨也查祀生命之化曜得天財天寶天錢天田天蔭天佑天貴天福天祿文魁太陰太陽天喜等吉星皆為上吉如得天暗天形天耗天囚天哭陽刃俱皆為凶煞有凶必調吉星以制之使其吉星臨凶星潛消矣

立命者太陽坐宮也命度者太陽之對宮也夾輔合拱關對蓋臨翢橫之照與吉星經絡貫串有升殿入垣順軌之懿無伏逆遲留退冲之疵此為天星之精純如化祀主無正冲是更為佳矣

經者同經也絡者宮度對（丙）也貫者命主與吉星同躔一度也串者與命度前後度主也按天盤旋轉運動在某時又在地盤某時某刻某分查日月五星四餘恩福臨照何山何向命宮命度得何吉星春夏秋冬二十四炁之恩福不能相同各有用神切無乱用星如（辰）錯用星辰則病仇難星入（犯）命宮命度或山與向則凶禍踵門造葬嫁娶諸凡等期無

不同然也惟嫁娶之期先將星先將過堂之坐宅山向較
准時刻分秒算定極有應驗餘者各宗期課在人活徹取
用如天元選擇辦正一書最精最徹理最正大概依渾天
儀象註解明白使學者易曉易明此法不拘值凶煞與窮
民得宜便於暑天真救世一大慈航使仁人孝子之親喪
既急落土安葬不能淺殯空山使風雨暴露死者得土即
得金筋骨不能朽壞豈不美哉乎世有愚夫即又遇庸師
言山向不利多有在家久停三五年不葬或封寄壙野三
五年者有之十數年者有之棺朽骨溢豈不痛哉故辨正
立辨其非有親喪者總宜急葬為美發達亦速切不可久

停親喪尒心忍乎有如此者發也未必噫地學者世之庸
師有不可勝言者也能有幾人講明此理得真傳者無幾
人矣聖人曰富與貴世人之所欲也要尋富貴種須向地
中求選擇一道俱是活發何嘗用板格者而福蔭後生自
古未有見也夬地有風雲之變日月有歲差之分擇吉期
必得合運合時無不發福失運失時便能為殃趨吉避凶
俗師有所不知法形亦有趨避其理更深日家趨避亦詳
明矣扶龍補山之法亦在玄空之中日期之補扶分其內
外逢生旺之干支之星辰用得合法得時得令是也故法
形日均有確據非是紙上談兵天星斗首為擇之輿也後

學入門可知其奧但偽妄之法不辨白矣均不可入異端邪說世有講奇門遁甲者人尊為高明而实奸詐愚夫凡高明之士切無聽信奇門遁甲豈門(易)得也從古至今邪知者數人而矣(矣)如姜太公張子房孫武子嚴子陵袁天罡李淳風邵康節陳希夷劉伯温等而矣遁甲者屯兵佈陣有益於國家又與地理無涉今之走江胡者亦言遁甲煽惑誣民切不可信縱有知者天機豈洩必遭天遣(遣)耳

安命宮度秘訣

其法以取用之時加在太陽宮度上順數遇卯即是命宮也假如太陽在子宮選課用之酉時就在子宮上起酉順

推戌在丑亥在寅子在卯丑在辰寅在巳卯在午時(即)是命宮也(非算八字之命宮謬矣)(子宮是命宮)則午宮是(命)度也命度以太陽所坐之度對着命(宮)之度即是命度也

譬如太陽躔在子宮虛六度對着午宮星三度午宮就是命度也凡安命之法如日躔在女三度對着午之柳五度是也第一(安命之法)要分别深淺深則論宮淺則論度論宮論度要平分假如初進宮之前七度與將出宮之後七度則為淺也(再)在加各半度共去十五度惟中十五度乃為深耳今以寅宮而論自寅宮初度在氐星十八度至心星二度即為初入寅宮之前七度也又寅宮之二十四度在尾星

十度。即為將出寅宮之後七度也。餘宮倣此數推。論選擇故多。不精者不可勝數。能知用造命法。日月五星四餘經緯度數。用為成格成局。亦不愧為選擇日家之精微者也

平階先生闡發河洛之奧。陰陽消長錯綜變化之機。明且暢矣。上稱黃石管郭楊曾降及青田暮講師[道]同一貫。實地學理氣之正宗。雖間有隱而未發之詞。而天玉青囊之邪以然。則又瞭如指掌。無如數百年來讀者猶未其解。是其邪是非其邪。非師師相傳口口相授而辨正之旨。反日益

晦嗟乎不讀青囊天玉寶照諸書而誤論其用者皆楊曾之罪人也不善讀辨正書而妄謂得傳以自誤而誤人者又蔣公之罪人也余獨晤其詮熟推生尅制化之用吉凶消長之理約已三十餘年而於玄空之秘則幾乎洩矣此集中所註之訣所立之法以作傳家之至寶後學者無輕洩此六十四卦不外乾兑離震巽坎艮坤八卦也自乾至復四宮其外三爻以乾兑離震巽坎艮坤順加所謂陽從左邊團團轉也

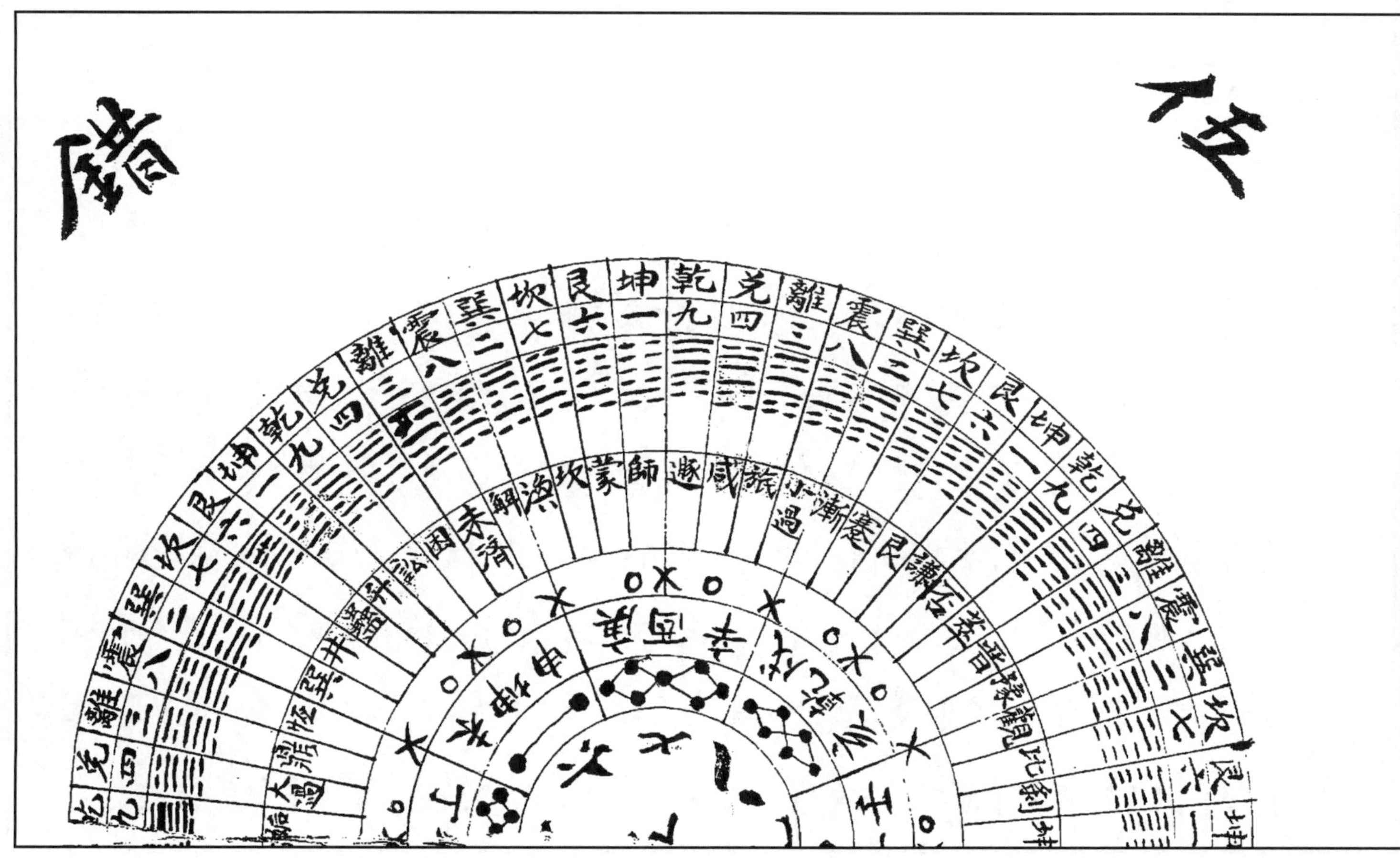
錯
位

自坤逆始四宮其外三爻以乾兑離震巽坎艮坤逆加所謂陰從右路轉相通也其二十四山有交錯共路用在共路為休用在交錯即為咎矣河圖洛書先天後天皆出於一時而卦位定於一日但伏羲畫而有卦爻而文王始繫之辭耳洛河圖洛書非有二數先天後天非有二義也特先天之卦以陰陽對待者言有彼此而無方隅後天之卦以陰陽流行者言則有方隅矣至其作卦之旨要則陰陽之互根則一也夫易之道貴陽賤陰則陽當為主而陰當為輔而此云陽以相陰者何也蓋陽之妙不在於陽而在於陰陰中之陽乃真陽也故陰為之感而陽来應之似乎

陰反為君而陽反為相此經言神明之旨也

渾天寶鏡天元歌訣

嘗聞地德上載天光下臨二氣冲和萬靈毓秀是以仰觀象緯先王敬授人時俯察山川聖人裁成地道然山川之徵應遼遠難期而象緯之體嘉彰明易驗興亡之治亂本氣數之循環壽夭窮通實五行之變化衰旺雖繇氣數安向先定星辰故氣未來難發山川之秀星辰既得易昭化育之功穴吉葬凶縱佳壞不能見效日利時良即頑山亦有餘榮故擇日不重干支選時必資星象　自異端橫議邪說流行習染已深賢愚共囿詎知日月為乾坤主宰五星

實造化神樞。但精微久晦而難明。學士何由而啟悟。畧陳
大概。敢質高明。
夫後裔冗宗。緜功於陰地。七人復命。取效於陽星。蓋星昭
生殺之神。象列宮垣之度。五行隨垣而定。八神衣數數而
分。有一曜之生。自有一曜之殺。必生收而殺去。使鬼避而
神迎。　慧入中天。先看經緯之深淺。計橫地面。復覩日月
之盈虛。伏逆遲留。當加詳審。侵犯伏匿。更用深求。異度同
宮。災祥無涉。異宮同度。禍福攸關。得失憂虞。必考衆星之
入地。吉凶悔齊。先詳諸曜之當天。　水火福澤之基。宜分
春夏。木炁壽元之本。不論春秋。歲德所在為禎。若對冲則

反為咎。太白東出為德。如西現則反為刑。水反陽光。冬令無並雖之地。火隨日影。夏時有田祿之災。冬夏二至不同。恩福原無專主。寒暑兩時。自異土金。別有真詮。故節氣平分。須土金之恆用。春秋中正。惟水火之雙親。

天首亢陽。童歲成孤。此時日食。偶逢會見蒸嘗莫保。地尾侵月。髫年失帖。倘遇蟾宮被捲（捲）。行看惸獨無家。計入秦州徙（徒）抱雲霄之志。孛躔東井。頻來庚癸之呼。羅鑠酉辰。田園耗散。孛居卯戌。男女荒淫。廢興半在孛羅。豐瘁全憑水火。文武並貴。美惡相兼。恩難雙行。窮通交半。以恩為忌。壽彭祖而家如范丹。以（福也）用為仇。業陶朱而身似白道。以忌為難。

流離困阨疾病顛連以用為恩安富增榮（用字即福星也）聲名赫奕
太乙與羅睺共度初年不利若旁水曜則災患方興太陰
與地尾同躔立時見殃倘載曜土星則災危更甚星名日
馬木炁則冲日星間隔嗣續艱難鬼號金羊土計則金鬼
泥溢身家顛沛劉蕡下第橫遭中土之鋒莊子鼓盆坐受
西金之魁旭日孤行於早午亦如不偶眠熟（孰）唾（垂）毒明蟾獨
耀於中霄獨處成迷心誰吐赤故日月雙收而多助早登
雲路以揚名身四（垣）極之俱空端向山門而寄跡是以中天
福照七政流恩建極南（神）樞四餘煥彩尊星領袖諸貴莫趨
從帝曜四垣羣邪自然退避逢水（木）火於天市擁金血以堪

誇會金水於太微步玉堂而仰美紫微奎宿類秀絕倫耶
微文昌英明邁俗日居昴畢水火流瓜瓞之綿綿月秀星
房木烝兆簪纓之濟濟身命麗用天之炳（丙）全星趨待奕世
之輝煌日月守黃道之宮恩曜聯鑣芳聲赫耀倘用時得
令即水浮會境抱北海之鴻才若一曜相隨縱（木）打寶瓶同
南山（之）上壽若夫鳩工甃砌本山之衰旺宜詳創造經營當
令之土金若犯反以選時擇日自有活潑之真機初非時
術時書專守（拘）墟之曲見造命之法先看日月次察五星必
仇難之無侵始用恩之有據如五星背馳日月落陷經緯
不相對吉星躔歧度者俱不選用至若守儷朝貫拱夾交

趨種種格局之不同宜變化用之不必拘泥不佞潛心星學既已有年遇明師奚徒推測俾地之剛柔論舉世不知楊公之烏兔經盡人若莫辨雖星書之紛列實易簡而難窺惟果老星宗但無中而天元辨正為宗但無中而有訣是以星家蒙昧襲偽遺真天象昭囲靡由指示幸遇鳳儀先生音五先生自化先生大道重宜得闡氣數陰陽之秘微言轉授始識天星祿命之源辨真偽於當前瞻星辰之在望趨避由人遵師訓傳留為世則　蓋天行最健無瞬息之停星宿相隨每因時而轉以此山之地局符此刻之天盤則二曜造祥五星效順天星允協陽和獲大地之靈

地道陽麻令田育舒渾天之氣既山川之盡善復彖緯之無訛敢云奧淺苞符乾坤歸於掌握庶幾秘開靈鑽變化出於心才(栽)不敢自私同心同志

此天星選擇之網領也故三元地學法形日玄妙太深而售術庸師目所未覩耳所聞(未)只能照格(板)如佛道然(誦)經然可笑

天星選擇忌用春令忌木炁(星)紫炁夏令忌火羅睺秋令忌金星冬令忌水星水孛四季忌土星計都而得令之星過旺不可作恩福令星得令是為難星仇星伏逆遲留恩福大忌犯之主凶禍旋踵矣陰令用陽星陽令用陰星為吉陽用陽星陰用陰星為凶恩星福星福力最大如

春令用火羅為恩星春令用土計為福星夏令用金星為
恩星用水與星水孛為福星秋令用孛水為恩星冬用金木紫炁為
福星冬令用木星紫氣為恩星用火羅為恩福星成格成局為
上吉要不犯伏逆遲留此天星之秘旨也犯入恩福之宮度亦忌

渾天寶鏡歌訣

仰觀俯察古聖言堪輿二字義相連初年禍福天時驗歲
久方知地有權諸家通書盡紛紛拘忌多端悞殺人此方
言吉彼言凶爭執不決將誰從惟有斗杓七政訣禀命天
樞造化根此是選擇大綱紀不闢地術在天星有福之家
不用謀無緣之輩難相見世人若昧吉凶理真機枉使神

仙現
千驗玉函經點破天中七個星江左凡師未有見會者不
得授非人羅睺修造少人知紫炁木星尤是奇遁用三元
休要説三元卦列是真宗此天星推步七政四餘期課又
不在八卦之列乃天文者也　人人言地學者稱之曰堪
輿家又曰風水家何謂堪輿堪者天道輿者地道也韻會
而成堪輿是天地之總名也何謂風水風者先天無形之
氣水者洛書有形之跡兩相配合是天地萬物交媾也總
而言之無非陰陽二字而矣
　用羅睺當值各曰断訣

第一太陽星最喜日時逢之長房起二男三子次第成富
貴榮華添福祉太陰吉星亦堪取日時相逢是事美人發
財興不必疑仔細日時莫不知土星犯着進財多財事多
端奈如何瘟疫瘡疸時見血先妨小口及公婆修造之
方是孛星遭官哭泣不能寧財敗庫退人多病傾覆家門
且絕丁　火星最惡起瘟癀八載妨五口亡公訟火災
由此進弟兄家門兩分張　羅睺惡毒不堪言夫死年少
哭皇天犯着刀鎗並水火官府錢歎英賢計都惡惡無
邊財敗人亡橫事連巳酉丑年辰巽歲產亡祿絕旅沉船
木星吉凶兩無憑榮退財散總不輕寅午戌年生橫逆歲

逢巳酉丑多情　紫炁原來是瑞星安邦定國立公卿子孫世代生豪傑廣積田園厚產成　水星年月不為災福祿盈門日日來子孫文章科甲顯田園廣置大發財　好個金星最利人足財貫斗滿金銀倉庫箱盈多富貴納粟湊成業日新　此用星故然但得時得令者吉否則凶星星有吉星星有凶耳在人变通

日月升殿入垣吉凶論附五星四餘入垣升殿論

太陽入午宮為入垣躔房虛昴星為升殿上吉丁巳年化祿元六辛年化貴元亦吉丙戊年化刃宜合山命為吉不合則凶與羅計同度為日蝕為天變主凶前三日後三日用事宜忌主應盜賊也

太陰入未宮為入垣躔[心]星危畢張為升殿上吉甲戊庚年為化元申子辰年化三煞宜合山命為吉不合則凶與羅計同度為月蝕天變凶（同上忌）

木星入寅（亥）宮二宮為入垣躔角斗奎井為升殿大吉

火星入卯戌二宮為入垣躔尾室觜翼為升殿大吉

土星入子丑二宮為入垣躔氐女胃柳為升殿大吉

金星入辰酉二宮為入垣躔亢牛婁鬼為升殿大吉

水星入巳申二宮為入垣躔箕壁參軫為升殿大吉

紫炁星入寅亥二宮為入垣躔角斗奎井為升殿大吉（恩福與木星同用）

水孛星入巳申二宮為入垣躔箕壁參軫為升殿大吉（恩福與水星同用）

羅睺星入午未本宮入（卯戌二宮為入垣）躔尾室觜翼為升殿吉（恩福與火星同用）

計都星入子丑本宮入（子丑二宮為入垣）躔氐女胃柳為升殿吉（恩福與土星同用）

七政四餘升殿入垣合局用之最吉

房虛昴星為四日宿西人作為禮拜日又為星期日

七政四餘入廟乘旺喜樂宮歌訣

先看入廟在何宮　土丑羅寅火卯中　金在辰宮計在巳　水羅午卯好相逢　孛星推向未中取　紫炁申宮限亦同　日月午未云入廟　計都水亥喜亨通　更有諸星乘旺方　水午火丑孛寅當　土羅計火卯中旺　辰未丑土　月孛刪水星巳宮金到午孛居未土　紫中方土　計在酉太陽戌金水之星

亥宮戌

又看諸星好樂宮只是主星善取踪土子丑兮木寅亥火居卯戌最亨通金居辰酉皆為樂水到巳申總一同惟有太陽獨居午太陰未上喜相逢

十二宮中有喜星日寅月卯水辰清金居巳宮土在午木未火申便發榮士庶得之家富足士宦得之便飛騰

按星曜值入廟旺樂喜謂之得地縱有仇難同度不能加害又為權星福神或值遲留亦能為福但宜得時得令[合]更妙得時者日要在晝月要在夜是也合令者春木夏火秋金冬水四季者土是也取其恩星福星得位得時合運者又不在春夏秋冬之例也別有用神列在後也

用七政四餘之法亦有精微奧妙先定行次躔度過宮恩
福日月成格成居[局]而後可以取課也

各山所屬五行立定恩福仇難日月不同論

壬子癸丑山土　艮寅乾亥山木甲卯辛戌山火[屬]　乙辰
庚酉山金　巽巳坤申山水　丙午丁未山金屬火　丙
午為太陽丁未為太陰　丙午丁未喜金水輔吉各山喜
恩福為吉生我者為恩我生者為福我尅者為財同類者
為主尅我者為難惟難星[仇星]到山凶比干從支上化合而得
也各山俱從支上化[合]推[取]地是也

用太陽與用太陰不同論

太陽為衆星之主諸星之宗號曰星中天子有人君之象吉星遇之而增輝惡曜逢之而潛伏用太陽故要恩福輔佐成格成局照臨坐向三方福力最大應驗急速若遇入垣升殿執掌祿元馬元貴元到山向來方更吉但福德淺薄者用此期恐難當其尊也慎之經云三要明星入向来又曰諸君專用太照（陽）恩福到宮富貴堅皆取到山向方也夫用太陰乃星中皇后德柔体順佐太陽以宣出（化）經曰太陰夜明而到向山方則大吉月建煞遇太陽（陰）而反為吉月建者小兒煞也修造更比太陽貴重修造多半夜下故不同論有用日月五星四餘之真表另有真訣者也

七政四餘用照論並忌用法

凡選課須取日月恩福與命宮命度及山向方宜關照有情用五星四餘不論吉星惡曜只論恩福仇難取用諸星恩福不越六度之外方為關照有情左右隔一宮為夾照隔二宮為輔照隔三宮為關照隔四宮拱照本宮為守照對宮為對照蓋照三合照橫天交氣俱為上吉惟對宮丙傍之宮無情即所謂吉星落陷也各宮各星所躔之度與我所關所出（生）所向之度中隔三度為最親切忌用隔五度為半親切用亦可若六度之外渺不相涉矣

天星忌用諸格法

一日月蝕前後三日半宜忌　一水星與火星同宮度忌為恩福者

一羅睺與水孛同宮度為恩福者忌　一太陽與羅睺同宮度大忌

一日月與土星同宮度大忌　一太陰與計都同宮度大忌

一恩福二星犯伏逆遲留大忌　一仇難星當天照我我者山與向又為命宮命度也

一當令之星過旺宜忌如春木星紫炁夏火羅星秋金太白冬水月孛四季土計都切勿妄犯如在恩福之內尤忌不在恩福宮度命宮命度之內則不忌也天星之用神另有法訣

用曆數真太陽到山方向秘訣太陽真表掌訣

渾天法有動靜二盤靜者每日向東行度恒天一週方成

一歲動者每日出東没西恒天一週方成一日若此理不明而曆數太陽則不能用也又非在掌上輪來換去乎時刻係天常赤道度山向係地平方位度惟北極下赤道與地平合令十二支占時之中四刻八干四維占時之前後各二刻合為四刻如巳正二刻至午初二刻屬丙方午初二刻至午正正二刻屬午方之類也至冬至日行南陸距地平近則偏度漸少夏至日行北陸距地平遠則偏度漸多術家多不明天文學妄以二十四山為二十四時以六壬法合之則訛矣故造福則不應也如捿省垣北極出地三十度零四十二分推筭二十四氣候後每日時刻太陽到

地平二十四方位縱橫列之上列二十四節氣下列時刻分數旁列二十四山用表之法按節氣下時刻再對彼山即太陽到彼山初度也設立春後用卯時正初刻三分查表即對辰初初刻此時太陽到辰初度也若用時刻與表不同者用中比例算法求之設雨水後求用丑時初二刻查表初一刻二分是丑初一刻二分對寅山初度丑正一刻對甲方初度用四率數求之以丑初一刻二分與丑正一刻相減餘三刻十三分化時得五十八分為一率寅方初度至甲方初度為經度相距十五度為二率用丑時初二刻與表丑初一刻二分相減餘十三分用時為三率求得四率

三度弱半加在寅方初度得時刻太陽正到寅方三度弱
半也用羅經照此坐度不可正中縫三針之約也余不辭
苦心推算太陽到方表各山所臨時刻雖與通書之表不
合實係各家之妄造傳傳害人非淺况各省地平有高下
太陽出入不同如見余之到方表真假之分明張角算法
者如不明可以協紀辨方三十四卷四十五六頁上現有
太陽到方表其表係順天府北極出地三十九度五十五
分東西差無偏度故為中線表如本省北極出地三十度
零四十二分偏西十二十六分故每節氣時刻要減中線
四十九分而日月食之時刻增差不同者亦然此理亦明

則真妄可見也
太陰五星到方法按週天三百六十度及地平二十四山分内外盤列之二十八宿週天三百六十度列於内盤地盤二十四山列於外盤求各星到方之法宜將内外盤分為二紙旋轉用之内盤象天外盤象地圖心貫線作紐以切各星運動先查太陽到方表以本節氣所用之時刻對地平二十四山方位在方向即太陽所臨之方向也以天元選擇極合用表之法設春分後用未時初三刻七分太陽躔畢星三度太陰躔柳星六度歲星躔角星二度鎮星躔昴十度熒惑躔畢八度太白躔婁二度辰星躔室初度

査太陽到方表春分後亥時正初刻十分。太陽到地平下
乾方初度。則太陰柳六度到地平天頂。午方七政四餘均
依太陽旋轉。後列二十四山。太陽(邪)臨時刻分秋。真表圖
將太陽真表圖(査)定行次躔度過宮。再推五四(星)四餘躔度過
宮日月真表一一貫通。選擇可得也。

地平方位 橫推直看	冬至 後十日 時刻分	小寒 大雪 時刻分	大寒 小雪 時刻分	立春 立冬 時刻分	雨水 霜降 時刻分	驚蟄 寒露 時刻分	春分 秋分 時刻分
子	子初初〇二	子初初〇一	子初初〇〇	亥正三十三	亥正三十一	亥正三〇九	亥正三〇二
癸	子初二〇六	子初一〇六	子初一〇七	子初一〇九	子初一十一	子初一十二	子初二〇一
丑	子初二十一	子初二十二	子初三〇〇	子初三〇五	子初三十二	子正初〇四	子正初十二
艮	子正初〇四	子正初〇七	子正初十二	子正一〇六	子正二〇三	子正三〇〇	子正三十三
寅	子正三〇五	子正三〇八	子正三〇二	丑初初〇一	丑初三〇三	丑初三〇四	丑初二〇八
甲	丑初二〇四	丑初二〇七	丑初二〇六	丑初三〇九	丑正一〇〇	丑正二〇八	寅初初〇二
卯	丑正一十一	丑正二〇一	丑正三〇一	寅初初〇六	寅初三〇二	寅初三十四	寅初二十一
乙	寅初三十一	寅正初〇二	寅正一〇二	寅正二〇八	卯初初〇五	卯初一十四	卯初一十二
辰	卯初二〇八	卯初二十二	卯初三十〇	卯正初〇五	卯正二〇四	卯正三十一	辰初一〇六
巽	辰初初十一	辰初初十五	辰初一〇九	辰初二〇〇	辰初三〇九	辰正一十一	辰正二〇〇
巳	辰正二〇二	辰正二〇四	辰正二十〇	辰正三〇四	巳初初〇〇	巳初初十三	巳初一十〇
丙	巳初三十〇	巳初二十二	巳初三〇〇	巳初三〇五	巳初三十一	巳正初〇四	巳正初十〇
午	巳正二十一	巳正二十二	巳正二十三	巳正三〇〇	巳正三〇二	巳正三〇四	巳正三〇七
丁	午初二十二	午初二十一	午初二〇九	午初二〇七	午初二〇五	午初二〇三	午初二〇〇
未	午正二十二	午正二十一	午正三〇七	午正二〇二	午正一十一	午正一〇三	午正初十一
坤	未初三初〇五	未初三〇三	未初二十二	未初三〇二	未初一〇七	未初初〇九	午正三十二
申	申初一十一	申初初〇七	未正三十三	未正三〇七	未正一十三	未正一十一	未初二〇七
庚	申正二十四	申正二十〇	申正一十二	申正一〇二	申初三〇三	申初一十一	申初初〇一
酉	酉正一十一	酉正一〇五	酉正初〇五	酉初二十四	申正一〇四	申正三〇八	申初三十〇
辛	戌初三十一	戌初三〇六	戌初二〇六	戌初一〇一	酉正三十四	酉正一〇八	酉正一十一
戌	亥初初〇四	戌正三十三	戌正三〇一	戌正一十三	戌正一〇七	戌初二十四	戌初一〇五
乾	亥初三〇二	亥初三十四	亥初一〇五	亥初一〇六	亥初初〇五	亥正三〇三	戌初一十四
亥	亥正一〇三	亥正一〇一	亥正初十〇	亥正初〇一	亥初三〇四	亥初二〇七	亥初一〇九
壬	亥正三十一	亥正三十〇	亥正二〇七	亥正二〇二	亥正一十〇	亥正一〇三	亥正初十一

地平方位
橫推直看

子癸丑艮寅甲卯乙辰巽巳丙午丁未坤申庚酉辛戌乾亥壬

清明 白露 時刻分
分：○四 ○三 十三 ○○ 十一 十一 ○八 ○九 ○二 ○三 ○○ 十一 ○九 十三 十一 ○七 ○四 ○五 十三 十四 十一 十一 十二 ○三
刻：正三 初三 正一 初初 初一 正三 正一 初三 正三 初二 正初 正三 初一 正初 正三 初二 正二 初三 初一 初三 正初 初初 正初
時：亥 子 子 丑 丑 寅 寅 卯 辰 辰 巳 巳 巳 午 午 未 未 申 酉 戌 戌 亥 亥

穀雨 處暑 時刻分
分：○二 ○五 十一 ○七 十四 ○四 ○五 ○五 ○三 ○五 十一 十一 十二 ○二 ○一 ○○ ○二 ○二 ○三 ○八 ○四 十一
刻：正三 初三 正一 初一 正一 初三 初一 正三 初三 正初 初三 正三 初一 初三 正三 初一 正一 初二 初初 初三 初三 初初 初三
時：亥 子 子 丑 丑 寅 卯 卯 辰 辰 巳 巳 午 午 午 未 未 申 酉 戌 戌 亥 亥

立夏 立秋 時刻分
分：十四 ○八 ○二 ○三 ○七 ○三 ○○ ○○ 十三 ○七 ○五 ○二 十四 ○八 ○五 ○六 ○○ ○九 ○七 ○七 ○四 ○○ ○四 ○五
刻：正三 初二 正三 初三 正三 正一 初一 初一 正一 初一 正初 正三 正三 初一 初三 正一 初初 初三 初初 正二 正初 初二 正三 初三
時：亥 子 子 丑 丑 寅 卯 辰 辰 巳 巳 巳 巳 午 午 午 未 未 申 申 酉 戌 戌 亥

小滿 大暑 時刻分
分：十三 ○九 ○七 十二 十三 十二 ○三 ○六 ○四 ○五 十○ ○七 ○○ ○七 ○○ 十二 ○一 ○六 ○一 ○一 ○九 ○九 十○ ○○
刻：正二 初二 正二 初二 正三 正一 正初 初三 正三 初三 正初 正二 初初 初一 初三 正初 正三 初二 正三 正一 初三 初一 初二 初三
時：亥 子 子 丑 丑 寅 卯 辰 辰 巳 巳 巳 午 午 午 午 未 未 申 酉 戌 戌 亥

芒種 小暑 時刻分
分：十二 十四 十一 ○三 ○七 十四 ○六 ○七 ○九 十二 ○○ 十○ ○一 ○六 十二 ○七 ○八 十三 ○一 ○一 十二 ○○ ○四 十二
刻：正二 初二 正二 初二 初初 正二 正一 初三 正三 初二 正一 正二 初初 初一 初二 正初 正二 初一 正二 正初 初二 初一 正三 初二
時：亥 子 子 丑 寅 寅 卯 辰 辰 巳 巳 巳 午 午 午 午 未 未 申 酉 戌 戌 亥

夏至日 後十 時刻分
分：十一 十一 十二 ○六 十一 ○○ 十一 十一 ○二 ○三 ○三 ○四 ○二 ○五 ○五 ○四 ○四 ○四 十一 十一 ○七 十一 ○一 ○七
刻：正三 初二 正二 初三 初一 正三 正一 初三 初初 初三 正一 正三 初初 初一 初二 正初 正二 初一 正一 初三 初二 正初 正二 初二
時：亥 子 子 丑 寅 寅 卯 辰 巳 巳 巳 午 午 午 午 未 未 申 酉 酉 戌 亥

冬至夏至前八後九共十七日內太陽 入地下在地底之南不能過北
出地上在天頂之北不能過南 訣

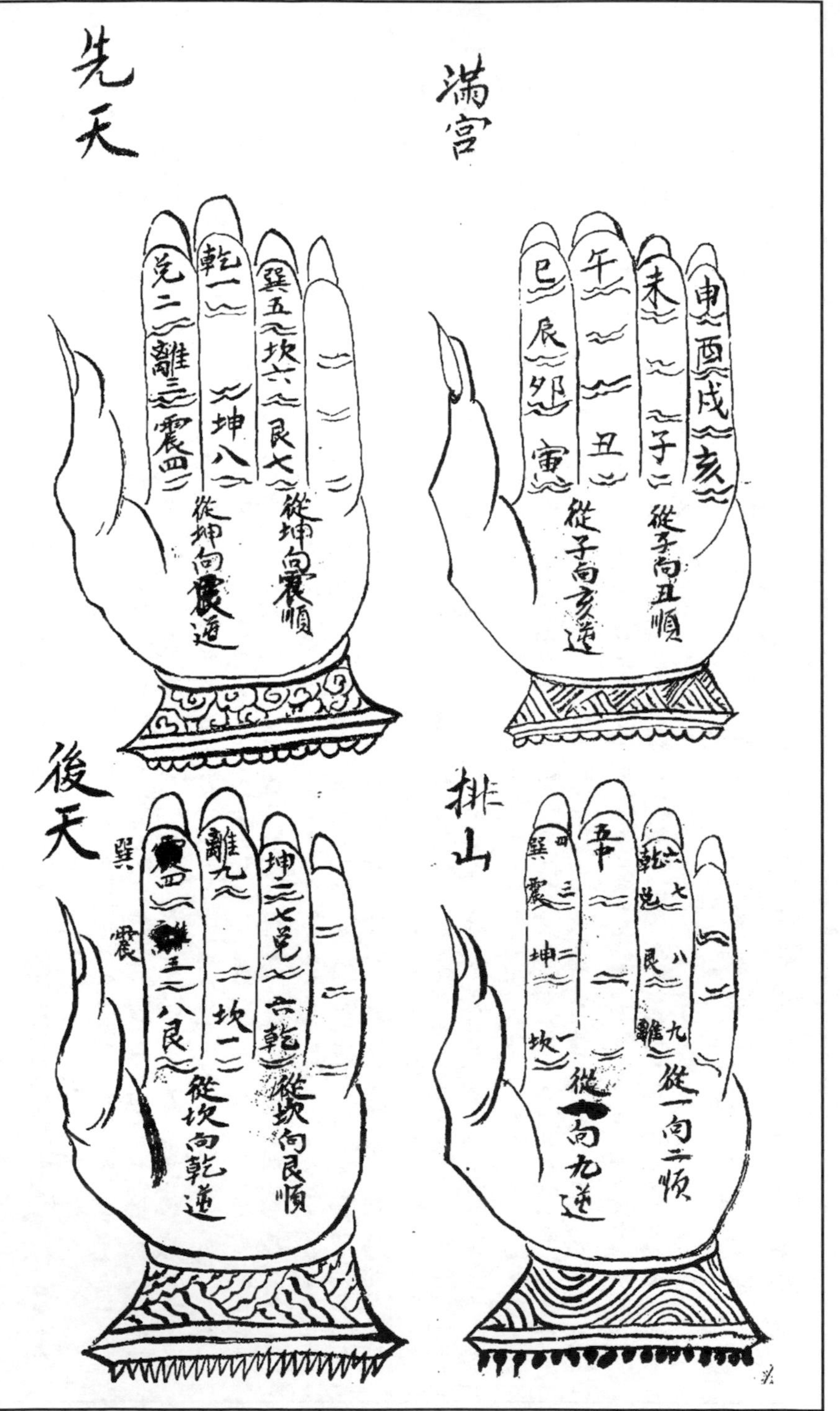
先天
滿宮
從坤向震順
從坤向震逆
從子向丑順
從子向亥逆
後天
排山
從坎向艮順
從坎向乾逆
從一向二順
從一向九逆

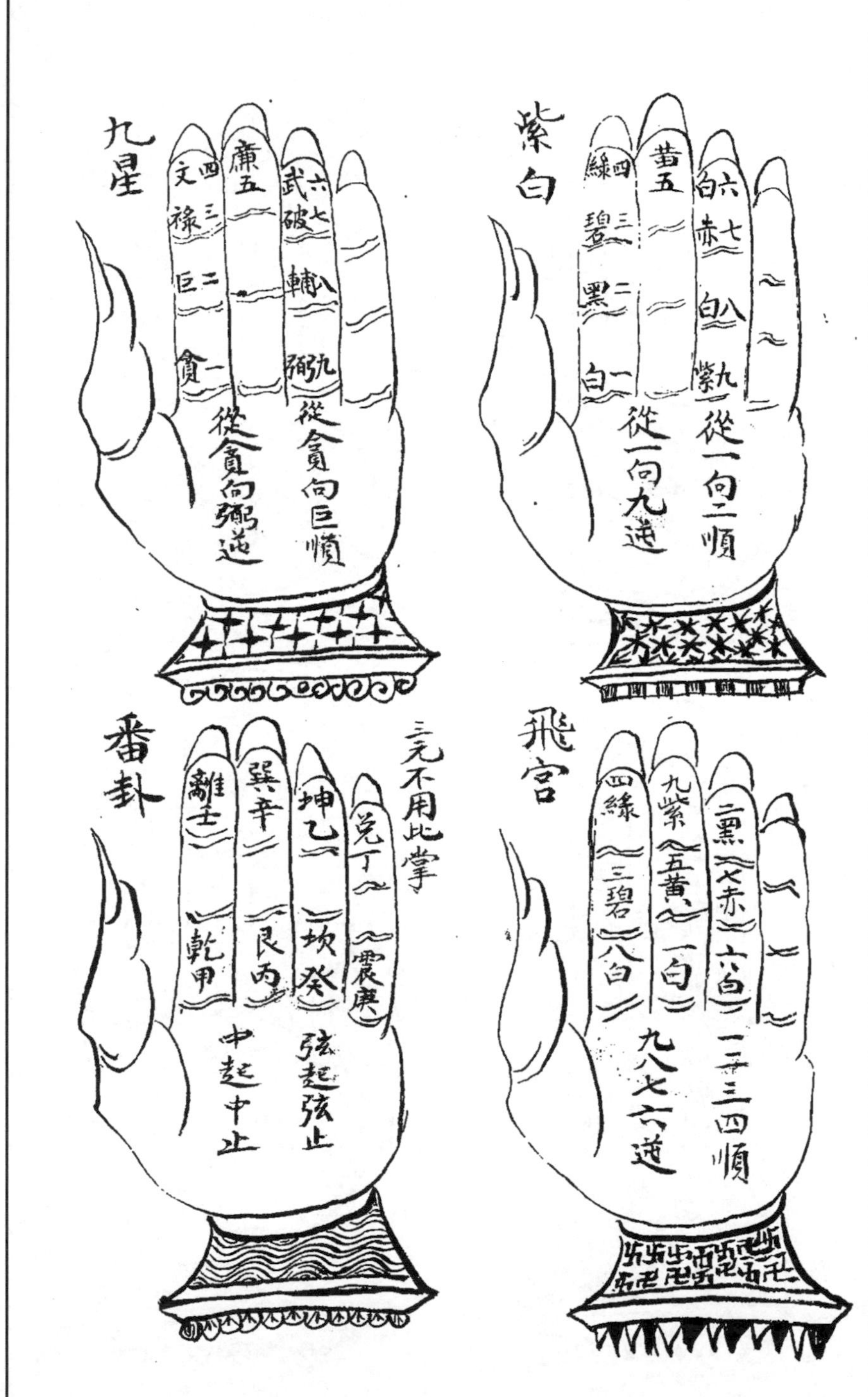
紫白
白六
赤七
白八
紫九
黃五
綠四
碧三
黑二
白一
從一向二順
從一向九逆
九星
武六
破七
輔八
弼九
廉五
文四
祿三
巨二
貪一
從貪向巨順
從貪向弼逆
飛宮
二黑
七赤
六白
九紫
五黃
一白
四綠
三碧
八白
一二三四順
九八七六逆
番卦
三元不用此掌
兌丁
震庚
坤乙
坎癸
巽辛
艮丙
離壬
乾甲
弦起弦止
中起中止

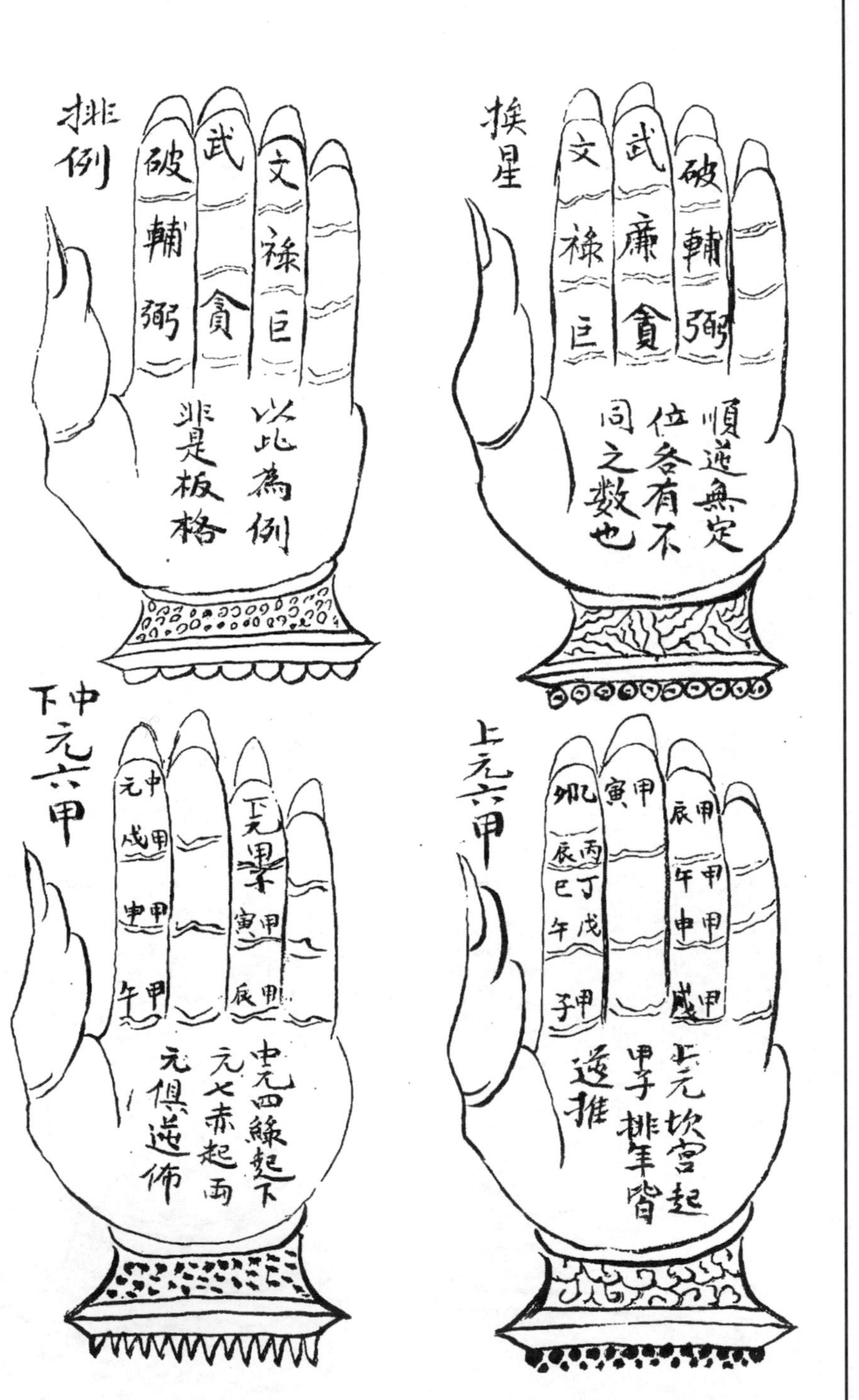

換星
破 輔 弼
武 廉 貪
文 祿 巨
順逆無定
位各有不
同之數也
排例
文 祿 巨
武 貪
破 輔 弼
以此為例
非是板格
上元六甲
上元坎宮起
甲子排年皆
逆推
中下元六甲
中元四綠起下
元七赤起兩
元俱逆佈

斗首五行秘訣

斗首者乃先天之老五(行)伏羲畫卦而有之象天斗斗柄東知春斗柄夏知南斗柄西知秋斗柄冬知北故曰斗首五行乃河圖現瑞伏羲方能始畫八卦上有三元格局而(知)生尅制化中有元氣五星而識生旺休囚下有三合聯珠而悉祿馬貴人拱之理其生旺避其休囚吉凶禍福由此五行之秘也為民修造埋葬詳細自有興兆是斗首之要訓一要知斗首乃先天之斗柄而生萬物而制諸凶為擇家之根本諸神煞是擇家之枝葉凡修造安葬起門修方花胎修砌数件大事必須查元神(辰)五氣(炁)是年如何元辰五炁

相生比和之年是為大利如元魁炁主家長災傷炁魁元主子孫損害是為不利益元辰如夫五炁如妻夫妻反目不能正室也如有金精月華到山猶之岳父岳母而解釋者也自能反凶為吉既得大利之年取元炁得令之時用四柱生旺之支避貪破之凶用元辰武財之吉干支順而無冲可謂十全之吉課再用天星若得陽光炳照人丁富貴驟至倘其年月凶方日神時煞諸家凶星俱宜一概掃除可不信也　二要知斗首有天元乃元廉武破貪五星元辰生廉子廉子生武財武財生破軍鬼破鬼生貪官貪官生元辰元廉武為三吉星貪破二凶星知用者五星皆吉不

知用者五星皆凶矣多有不知其用至於地元吊解之訣識者百中無一地元之中五炁又不可吊出破軍來再以人元番化之訣人皆可知又不可吊出破軍来天地人三元皆無破軍為吉局所以時師多有不知而人地兩元之通变何以吊番化為五炁也初學者宜深思耳　三要知山家元辰得令如春甲木元辰為旺火元辰為相夏用火元辰為旺土元辰為相秋用金元辰為旺水元辰為相冬用水元辰為旺木元辰為相四季用土元辰為旺金元辰為相依此用法柱中若無元辰出現必得時令亦為吉此是用元辰之取旺又與天星用忌福日月不但不同普並

且相反也學者務要分別清徹庶免混用悞人　四要知元辰立四柱逢生照之支宜官胎養之方位吉若坐衰敗死絶之位不吉　五要知三元五炁生元辰為吉五炁尅元辰為凶　六要知武財生入尅出為吉而番化之炁可以生元辰亦可者以制破軍故武財稱為吉星　七要知廉子乃元辰所生也是生子孫之星也是亦吉及乎但人家玲丁故欲求子者柱中元辰得令坐支生旺或日時上只宜出一位又宜旺支用後可以催丁生子八可旺相但廉子只可單出一位在日時上不可双見兩位主損丁口重見乃洩元辰之氣故不可多用也　八要知破軍乃尅山家

之鬼也名曰破軍能生災降禍故最忌之其番化之氣若
柱中衰敗死絕墓之支時令休囚中無貪官出現則獨鬼
不能生災若得時令或在生旺臨帶之地位上為有位有
氣又遇貪官助其惡其災禍更速主損丁破財官非疊至
非常之禍出不可不慎精義　元廉武破貪五星之位得
令內外生魁惟元神辰武財二星在年月日時一炁俱為吉
亦要有氣廉子年月日時皆可坐但只一位忌兩位若在
日時干上即能催丁亦要有氣得位無不驗矣貪破二星
並用只宜在年月干上為吉年貪月破月貪年破皆吉若
柱中双見貪官双見破軍為不吉貪破年月能降福若居

日時便為殃重見貪狼與破軍定是災禍不離門元辰武財喜多用定主其家人財盛貪破年月為內尅出主吉居日時為外尅入主凶生入尅出為吉生出尅入為凶故用日期不明斗首之秘訣則吉凶禍福亦不明矣庸術何常夢見矣

地學者法形日三家為養生送死第一件大事而儒家多不明此理何也不辨真偽故將吉少而凶多相地擇期人人亦在講究而人人亦在受害我見發禍故速而發福者未見其速也是何言哉因真偽不辨受偽法之害也不得其明師者也前賢立法立訣口傳心授奈今人不遵宗旨

多半自作聰明未受明師口傳心授俱是看書已為自得每每害人而致如此不但悞人而且悞己

三元地學者玄妙太深非經師口傳心授不能入奧若得皮毛以為自精亦是自悞之也余習之四十年矣博訪明師精以求精尚且不敢自矜但不能悞人凡我後學者得法訣得法並得其文可以識其真偽不辨亦可自明矣並非一字杜撰而欺天下之人也

斗首五行二十四山起例秘訣

壬子巽巳辛戌六山土元辰　乙辰庚酉四山金元辰　坤申甲卯四山水元辰　艮寅丁未四山木元辰　癸丑丙午乾亥六山火元辰

橫推直看

		甲己化土	乙庚化金	丙辛化水	丁壬化木	戊癸化火
年	壬子土山	元辰土	廉貞水	武財火	破軍金	貪官木
月	癸丑火山	廉貞金	武財木	破軍土	貪官水	元辰火
日	艮寅木山	武財水	破軍火	貪官金	元辰木	廉貞土
時	甲卯水山	破軍木	貪官木土	元辰水	廉貞火	武財金
元	乙辰金山	貪官火	元辰金	廉貞木	武財土	破軍水

辰 巽巳土山 元辰土 廉貞水 武財火 破軍金 貪官木

五 丙午火山 廉貞金 武財木 破軍土 貪官水 元辰火

氣 丁未木山 武財水 破軍火 貪官金 元辰木 廉貞土

立 坤申水山 破軍木 貪官土 元辰水 廉貞火 武財金

成 庚酉金山 貪官火 元辰金 廉貞木 武財土 破軍水

定 辛戌土山 元辰土 廉貞水 武財火 破軍金 貪官木

局 乾亥火山 廉貞金 武財木 破軍土 貪官水 元辰火

其斗首選課之圖俱依坐山所屬五行為主生我者貪官我生者廉孚貞剋我者破軍我剋者武財與我同類為元辰餘倣此

五行化氣五炁歌訣

甲己化土乙庚金　丁壬化木盡成林

丙辛化水滔滔去　戊癸南方火焰侵

以上斗首之訣盡於此矣天星斗首乃擇日之正宗外無

二法如不在此訣之內即是僞法者也

蓙祭用事　歲壓　的呼

歲壓祭主之法以年太歲論日如甲子年以甲子數至壬申九位

起癸酉數至辛巳九位 數足六個即每年歲壓此六命人餘彷此推太歲到某宮

某宮用事則壓在別宮不壓用某日某甲子入中宮順飛假如辛酉年用乙卯日塟以乙卯入中宮順飛辛酉在坤宮如用未坤

九宮遇太歲是也申三山有歲壓在別宮用事勿壓餘傚此推

甲子　癸酉　庚子　壬午　己酉　辛卯　戊午

丁卯　丙子　癸卯　乙酉　壬子　甲午　辛酉

庚午　己卯　丙午　戊子　乙卯　丁酉　甲子

癸酉　壬午　己酉　辛卯　戊午　庚子　丁卯

丙子　乙酉　壬子　甲午　辛酉　癸卯　庚午

己卯　戊子　乙卯　丁酉　甲子　丙午　癸酉

壬午　辛卯　戊午　庚子　丁卯　己酉　丙子

乙酉　甲午　辛酉　癸卯　庚午　壬子　己卯

戊子　丁酉　甲子　丙午　癸酉　乙卯　壬午

辛卯　庚子　丁卯　己酉　丙子　戊午　乙酉

乙丑　甲戌　辛丑　癸未　庚戌　壬辰　己未

戊辰　丁丑　甲辰　丙戌　癸丑　乙未　壬戌

辛未　庚辰　丁未　己丑　丙辰　戊戌　乙丑

甲戌　癸未　庚戌　壬辰　己未　辛丑　戊辰

丁丑　丙戌　癸丑　乙未　壬戌　甲辰　辛未

庚辰　己丑　丙辰　戊戌　乙丑　丁未　甲戌

癸未　壬辰　己未　辛丑　戊辰　庚戌　丁丑

丙戌　乙未　壬戌　甲辰　辛未　癸丑　庚辰

己丑　戊戌　乙丑　丁未　甲戌　丙辰　癸未

壬辰　辛丑　戊辰　庚戌　丁丑　己未　丙戌

丙寅　乙亥　壬寅　甲申　辛亥　癸巳　庚申

己巳　戊寅　乙巳　丁亥　甲寅　丙申　癸亥

壬申　辛巳　戊申　庚寅　丁巳　己亥　丙寅

乙亥　甲申　辛亥　癸巳　庚申　壬寅　己巳

戊寅　丁亥　甲寅　丙申　癸亥　乙巳　壬申

辛巳　庚寅　丁巳　己亥　丙寅　戊申　乙亥

甲申　癸巳　庚申　壬寅　己巳　辛亥　戊寅

丁亥　丙申　癸亥　乙巳　壬申　甲寅　辛巳

庚寅　己亥　丙寅　戊申　乙亥　丁巳　甲申

癸巳　壬寅　己巳　辛亥　戊寅　庚申　丁亥

甲午 癸卯 庚午 壬子 己卯 辛酉 戊子
丁酉 丙午 癸酉 乙卯 壬午 甲子 辛卯
庚子 己酉 丙子 戊午 乙酉 丁卯 甲午
癸卯 壬子 己卯 辛酉 戊子 庚午 丁酉
丙午 乙卯 壬午 甲子 辛卯 癸酉 庚子
己酉 戊午 乙酉 丁卯 甲午 丙子 癸卯
壬子 辛酉 戊子 庚午 丁酉 己卯 丙午
乙卯 甲子 辛卯 癸酉 庚子 壬午 己酉
戊午 丁卯 甲午 丙子 癸卯 乙酉 壬子
辛酉 庚午 丁酉 己卯 丙午 戊子 乙卯

乙未 甲辰 辛未 癸丑 庚辰 壬戌 己丑
戊戌 丁未 甲戌 丙辰 癸未 乙丑 壬辰
辛丑 庚戌 丁丑 己未 丙戌 戊辰 乙未
甲辰 癸丑 庚辰 壬戌 己丑 辛未 戊戌
丁未 丙辰 癸未 乙丑 壬辰 甲戌 辛丑
庚戌 己未 丙戌 戊辰 乙未 丁丑 甲辰
癸丑 壬戌 己丑 辛未 戊戌 庚辰 丁未
丙辰 乙丑 壬辰 甲戌 辛丑 癸未 庚戌
己未 戊辰 乙未 丁丑 甲辰 丙戌 癸丑
壬戌 辛未 戊戌 庚辰 丁未 己丑 丙辰

丙申 乙巳 壬申 甲寅 辛巳 癸亥 庚寅
己亥 戊申 乙亥 丁巳 甲申 丙寅 癸巳
壬寅 辛亥 戊寅 庚申 丁亥 己巳 丙申
乙巳 甲寅 辛巳 癸亥 庚寅 壬申 己亥
戊申 丁巳 甲申 丙寅 癸巳 乙亥 壬寅
辛亥 庚申 丁亥 己巳 丙申 戊寅 乙巳
甲寅 癸亥 庚寅 壬申 己亥 辛巳 戊申
丁巳 丙寅 癸巳 乙亥 壬寅 甲申 辛亥
庚申 己巳 丙申 戊寅 乙巳 丁亥 甲寅
癸亥 壬申 己亥 辛巳 戊申 庚寅 丁巳

入殮安葬的呼之忌論日主

六十日下是生命若遇之宜避一刻 的呼煞何物係抬棺材之人聲喊呼而為煞也

甲子 [辛丑] 乙丑 [辛巳] 丙寅 [丙午] 丁卯 [甲戌 甲午] 戊辰 [癸酉 癸未] 己巳 [甲辰 乙未] 庚午 [壬戌] 辛未 [己亥]

壬申 [丁巳] 癸酉 [辛亥 辛丑] 甲戌 [戊子] 乙亥 [乙未] 丙子 [丁丑] 丁丑 [癸未] 戊寅 [甲辰 丙午] 己卯 [丁亥 己未]

庚辰 [戊辰 戊戌] 辛巳 [己未] 壬午 [壬寅] 癸未 [甲申] 甲申 [壬辰] 乙酉 [丙寅] 丙戌 [甲子] 丁亥 [丁巳 丁亥]

戊子 [己卯] 己丑 [丁未] 庚寅 [丙申] 辛卯 [丁未 辛未] 壬辰 [壬申] 癸巳 [甲午] 甲午 [丁酉 庚子] 乙未 [丙子 丙申]

丙申 [乙丑 己丑] 丁酉 [丁酉] 戊戌 [癸亥] 己亥 [辛未] 庚子 [乙未] 辛丑 [壬子] 壬寅 [甲辰] 癸卯 [丙辰 丁巳]

甲辰 [庚辰] 乙巳 [丙子] 丙午 [丁未 己巳] 丁未 [己未] 戊申 [庚戌] 己酉 [庚申] 庚戌 [辛丑] 辛亥 [壬午 辛亥]

壬子 [丁未 乙巳] 癸丑 [丁亥 甲寅] 甲寅 [癸巳 癸未] 乙卯 [戊子 丙辰] 丙辰 [丙辰 丙申] 丁巳 [庚子] 戊午 [辛未] 己未 [丙戌]

庚申 [辛巳 辛酉] 辛酉 [庚辰] 壬戌 [辛巳 辛酉] 癸亥 [丙寅]

此六十日入殮安葬避之一刻吉

葬事俗忌

重復日（忌去喪）正七連庚甲（重復）二八乙辛當（重復）五冬逢丁癸（重復）四十丙壬妨三六九臘月戊己（重復是重喪）是天地大重喪（亦忌出喪）每月逢己亥日是也（重喪日只忌出喪不利今世人之父母死犯之有三五日不入棺閉殮是庸愚不堪也）

三喪日論四季（只忌去喪）春令逢龍夏見羊秋犬冬牛是三喪（以上三忌葬）（攝喪犯之主丁口剋死者不忌）

天坑日論方（只忌封寄不忌埋葬）巳酉丑乾（年）寅午戌年艮申子辰年巽亥卯未年坤（時上同例）三七冬月乾正五九月艮二六十月巽四八臘月坤　寅卯辰日南丙巳酉丑日庚辛（餘日不犯）時與年同推　四季天坑日（忌去喪）春怕白虎夏怯羊秋逢黃犬冬豬藏（去喪犯之有損傷）

冷退日俗忌每月十七不埋葬（余查選擇並無天坑冷退之說獨於象吉有之此乃魏明遠捏造無有確證況象吉偽書闢之久矣）

化命生年	天地空亡	冷地空亡	落壙空亡	寸土無光	纏身官符	化命帶祿
甲子乙丑化命	忌庚午 忌庚辰	忌戊子戊午火 忌丙寅丙申火	忌戊午己未火 忌丁酉甲戌火	忌戊午火 忌己未火	忌乙亥火 忌甲申水	忌丙寅日時 忌己卯日時
丙寅丁卯化命	忌庚寅庚戌	忌乙卯乙酉丁丑丁未水	忌丙子丁丑水	忌甲申水乙酉水	忌癸巳水壬寅金	忌癸巳日時丙午日時
戊辰己巳化命	忌庚申庚午	忌庚辰庚戌金甲子甲午金	忌甲午乙未金	忌庚戌辛亥金	忌癸亥水壬申金	忌丁巳日庚午日時
庚午辛未化命	忌庚辰寅	忌庚寅庚申辛卯辛酉木	忌壬子癸丑辛卯戊辰木	忌壬子癸丑木	忌辛巳金庚寅木	忌甲申丁酉日時
壬申癸酉化命	忌庚戌申	忌己丑己未甲辰甲戌火	忌丁酉甲戌火	忌丙寅丁卯火	忌辛亥金庚申木	忌辛亥壬子日時
甲戌乙亥化命	忌庚午辰	忌丙子丙午甲寅甲申水	忌乙卯壬辰水	忌壬辰癸巳水	忌己巳木戊寅土	忌丙寅己卯日時
丙子丁丑化命	忌庚寅戌	忌己卯己酉辛丑辛未土	忌庚午辛未己酉丙戌土	忌庚午辛未土	忌己亥木戊申土	忌癸巳丙午日時
戊寅己卯化命	忌庚申午	忌戊辰戊戌壬子壬午木	忌壬子癸丑木	忌庚申辛酉木	忌丁巳土丙寅火	忌丁巳庚午日時

庚辰辛巳化命　忌庚辰寅　忌丙寅丙申丁卯丁酉火　忌戊午己未火　忌甲戌乙亥火　忌丁亥土丙申火　忌甲申丁酉日時

壬午癸未化命　忌庚戌申　忌乙丑乙未庚辰庚戌金　忌甲子乙丑庚辰癸卯金　忌甲子乙丑金　忌乙巳火甲寅水　忌辛亥壬子日時

甲申乙酉化命　忌庚午辰　忌庚午庚午戊寅戊申土　忌丙戌己酉土　忌戊寅己卯土　忌乙亥火甲申水　忌丙寅己卯日時

丙戌丁亥化命　忌庚寅戌　忌辛卯辛酉癸丑癸未木　忌戊辰辛卯木　忌戊辰己巳木　忌癸巳水壬寅金　忌癸巳丙午日時

戊子己丑化命　忌庚申午　忌壬辰壬戌丙子丙午水　忌丙午丁未乙酉壬戌水　忌丙午丁未水　忌癸亥水壬申金　忌丁巳庚午日時

庚寅辛卯化命　忌庚辰寅　忌壬寅壬申癸卯癸酉金　忌甲子乙丑金　忌壬申癸酉金　忌辛巳金庚寅木　忌甲申丁酉日時

壬辰癸巳化命　忌庚戌申　忌辛丑辛未丙辰丙戌土　忌庚午辛未庚午辛未土　忌丙戌丁亥土　忌辛亥金庚申木　忌辛亥壬子日時

甲午乙未化命　忌庚午辰　忌戊子戊午丙寅丙申火　忌戊子己丑丁卯甲辰火　忌戊子己丑火　忌己巳木戊寅土　忌丙寅己卯日時

丙申丁酉化命　忌庚寅戌　忌乙酉己卯丁丑丁未水　忌乙酉壬戌水　忌甲寅乙卯水　忌乙亥木戊申土　忌癸巳丙午日時

戊戌己亥化命　忌庚申午　忌庚辰庚戌甲子甲午金　忌庚辰癸卯金　忌庚辰辛巳金　忌丁巳丙寅火　忌丁巳庚午日時

庚子辛丑化命　忌庚辰寅　忌庚寅庚申辛卯辛酉木　忌壬午癸未辛酉戊戌木　忌壬午癸未木　忌丁亥土丙申火　忌甲申甲酉日時

壬寅癸卯化命　忌庚申戌　忌己丑己未甲辰甲戌火　忌戊子己丑火　忌丙申丁酉火　忌乙巳火甲寅水　忌辛亥壬子日時

甲辰乙巳化命　忌庚午辰　忌丙子丙午甲申甲寅水　忌丙午丁未水　忌壬戌癸亥水　忌乙亥火甲申水　忌丙寅乙卯日時

丙午丁未化命　忌庚寅戌　忌己卯己酉辛未辛丑土　忌庚子辛丑己卯丙辰土　忌庚子辛丑土　忌癸巳水壬寅金　忌癸巳丙午日時

甲申乙酉化命　忌庚申午　忌戊辰戊戌壬子壬午木　忌辛酉戊戌木　忌庚寅辛卯木　忌癸亥水壬申金　忌丁巳庚午日時

庚戌辛亥化命　忌庚辰寅　忌丙寅丙申丁卯丁酉火　忌丁卯甲辰火　忌甲辰乙巳火　忌辛巳金庚寅木　忌甲申丁酉日時

壬子癸丑化命　忌庚戌申　忌乙丑乙未庚辰庚戌金　忌甲午乙未癸酉庚戌金　忌甲午乙未金　忌辛亥金庚申木　忌辛亥壬子日時

甲寅乙卯化命　忌庚午辰　忌庚子庚午戊寅戊申土　忌庚子辛丑土　忌戊申己酉土　忌己巳木戊寅土　忌丙寅己卯日時

丙辰丁巳化命　忌庚寅庚戌　忌辛卯辛酉癸未癸丑木　忌壬午癸未木　忌戊戌己亥木　忌己亥戊申土　忌癸巳丙午日時

戊午己未化命　忌庚申庚午　忌壬辰壬戌丙子丙午水　忌丙子丁丑壬辰乙卯水　忌丙子丁丑水　忌丁巳土丙寅火　忌丁巳庚午日時

庚申辛酉化命　忌庚辰庚寅　忌壬申壬寅癸卯癸酉金　忌癸酉庚戌金　忌壬寅癸卯金　忌丁亥土丙申火　忌甲申丁酉日時

壬戌癸亥化命　忌庚戌庚申　忌辛丑辛未丙戌丙辰土　忌己卯丙辰土　忌丙辰丁巳土　忌乙巳火甲寅水　忌辛亥壬子日時

以上六空亡橫推直看空亡者納音相尅也俗忌有之化命犯此忌空　如遇吉期不必拘泥

經云選擇拘值多端神煞忌避亦難枚舉古之選期未聞其神煞忌避之說天元選擇辨正書中已詳盡矣古人選擇期只有五黃五烝土煞九星伏逆遲留不能妄犯如神煞避忌之源實唐時呂才一行僧揑造滅蠻經是其証也而青

囊渾天經中何嘗言其神煞避忌而郭公葬書亦未有神煞之說因之有佳期庸師談其非棄之不敢用而反用凶日俱由神煞之忌避之所害也而神煞忌避習染已久蔣公平砂玉尺經辨駁已精詳尚且不能呼醒夢中之人乃有鬼神用事德悪之所致也亦有不識真偽不擇師亦有悞之於庸師亦有悞之於忌避也云云

在田識

叢辰辨疑

太歲（只忌到向 不忌坐山）大小月建（只忌修方 不忌開山）天官符（到山向方 三者並忌）倒堂豎造（開山塟坟 不論中宮）嫁娶（番弓倒踏 同見不用）

三煞（只忌坐山 不忌到向）穿山羅睺（只忌坐山 不忌到向）地官符（只忌到山 不忌到向）修造埋塟（先日動土 不忌土煞）安牀（只宜龍日 不宜危星）

夂退（只忌開山 不忌立向）巡山羅睺（只忌立向 不忌開山）火星日（只忌起造 不忌埋塟）豎造吉事（不忌重復 三喪等日）出行（既往外行 不忌歸忌）

造塟（不忌死炁 官符重日）丙丁獨火（只忌正卦 不忌傍山）天狗下食（只忌祭祀 設斋建醮）安塟立坟（本然凶事 不忌受死）遠回（本然外歸 不忌往亡）

戊己（不在土王 不忌動土）戊己都天（忌修方向 不忌開山）刀砧日（只忌架馬 不忌作灶）修方立向（不忌陰府 並謝魁山）合格（四柱會局 不忌退山）

此俗忌之論天星云上取天星照地支空地翻成實地司既有吉星臨照凶煞潛消何忌之有而俗師不知趨凶之訣似是而非故有用吉反凶是不知生尅制化之妙用也

年月開山修方忌神

歲煞 太歲之位忌到向 恩福太陽化之大吉　支退 忌開山修方得建 氣生旺則反為吉　流財 修造失財得月財 星到宮則反獲財宝　震宮 只忌上樑宜太陽三 奇祿貴化之大吉

歲破 名大耗歲怒之星 得太陽化之則大吉　箭刃 逢金不利單用勿妨 宜祿貴化之則吉　火星 只忌修造宜一白 水德制伏大吉　九良 忌修方新造不忌得 太陰母倉到宮大吉

歲刑 五行持強相刑宜用 貴祿化解反吉　金神 與七殺乃金炁剛強 宜水火制伏反吉　力士 五行衰敗之氣得 會局生旺補助大吉　羊刃 忌修方動土有太陽 三奇三德祿貴到大吉

歲害 太歲相沖金位宜用 貴祿化解反吉　獨火 忌修造若得一白 及水納音制之大吉　官符 忌造葬修方宜天 月德貴人制之大吉　劍鋒 冲建前一位旺氣忌造葬 得火星制之則大吉

多退 三合死位馬不進也 得生旺補助反大吉　羅睺 穿忌坐巡忌向得 一白水德制伏反吉　都天 戊己土煞忌修方動土 得木星制大吉　喪門 忌埋葬修方得太陽 三奇貴人制之大吉

陰府 納甲化炁相尅宜 曷神制之則大吉　浮天 名破軍忌立向修方 得太陽三奇化反吉　病符 忌修方安牀宜天 醫天月德制大吉　白虎 名陰中官符宜太陽 三奇祿貴制之大吉

尅山 納音尅龍山仍取納 音制之反為大吉　朱雀 名小家官非忌葬 太陽天月德化之大吉　吊客 忌修方太陽三奇 到方則反吉　五鬼 忌修作立向有天月德 合三奇貴人制反吉

大退 忌造葬修方若取生 旺補助用反為吉　八座 忌喪葬若得太陽 華蓋化之反為大吉　大月建 小月建 戊己土煞忌修方得太 陽太陰母倉制反吉　將軍 巡位忌修造宜太陽 三奇制之大吉

年上天地官符　論地支

橫推　論歲支　子丑寅卯辰巳午未申酉戌亥

直看　天官符　亥申巳寅亥申巳寅亥申巳寅

定局　地官符　辰巳午未申酉戌亥子丑寅卯

年上陰符　正一字　傍二字全

正陰府　甲己年艮巽二山　乙庚年乾酉二山　丙辛年坤子二山　丁壬年午山　戊癸年卯山

傍陰府　甲己年丙辛二山　乙庚年甲丁巳丑四山　丙辛年乙癸申辰四山　丁壬年壬寅戌三山　戊癸年亥寅未三山

山家困龍　甲己年乾山　乙庚年庚山　丙辛年丁山　丁壬年巽山　戊癸年甲山

月家天地官羅天進退罡局

論月橫推直看

		正	二	三	四	五	六	七	八	九	十	冬	腊
子年	天	中	巽	震	坤	坎	離	艮	兑	乾	中	兑	乾
	地	兑	中	乾	兑	乾	中	巽	震	坤	坎	離	艮
	進	震	巽	中	天	天	天	乾	兑	艮	離	坎	坤
	退	天	天	巽	震	坤	坎	離	艮	兑	乾	中	天
丑年	天	坤	坎	離	艮	兑	乾	中	兑	乾	中	巽	震
	地	艮	兑	乾	中	兑	乾	中	巽	震	坤	坎	離
	進	坤	震	巽	中	天	天	天	乾	兑	艮	離	坎
	退	天	天	天	巽	震	坤	坎	離	艮	兑	乾	中
寅年	天	艮	兑	乾	中	兑	乾	中	巽	震	坤	坎	離
	地	離	艮	兑	乾	中	兑	乾	中	巽	震	坤	坎

卯年

天　中兌乾中巽震坤坎離艮兌乾

地　坎離艮兌乾中兌乾中巽震坤

進　坎坤震巽中天天天乾兌艮離

退　中天天巽震坤坎離艮兌乾

辰年

天　中巽震坤坎離艮兌乾中兌乾

地　坤坎離艮兌乾中兌乾中巽震

進　離坎坤震巽中天天天乾兌艮

退　乾[illegible][illegible]天巽震坤[illegible]離[illegible]艮兌

巳年

天　坤坎離艮兌乾中兌乾中巽震

地　震坤坎離艮兌乾中兌乾中巽

進　兌艮離坎坤震巽中天天天乾

退　艮兌乾中天天天巽震坤坎離

年		卦序
午年	天	艮兌乾中兌乾中巽震坤坎離
	地	巽震坤坎離艮兌乾中兌乾中
	進	乾兌艮離坎坤震巽中天天天
	退	離艮兌乾中天天天巽震坤坎
未年	天	中兌乾中巽震坤坎離艮兌乾
	地	中巽震坤坎離艮兌乾中兌乾
	進	天乾兌艮離坎坤震巽中天天
	退	坎離艮兌乾中天天天巽震坤
申年	天	中巽震坤坎離兌艮乾中兌乾
	地	乾中巽震坤坎離艮兌乾中兌
	進	天天乾兌艮離坎坤震巽中天
	退	坤坎離艮兌乾中天天天巽震
酉年	天	坤坎離艮兌乾中兌乾中巽震

戌年

地兑乾中巽震坤坎離艮兑乾中（高上）

進 天天天乾兑艮離坎坤震巽中

退 震坤坎離艮兑乾中天天天巽（七格空）

天艮兑乾中兑乾中巽震坤坎離

地中兑乾中巽震坤坎離艮兑乾

進 中天天天乾兑艮離坎坤震巽

退 巽震坤坎離艮兑乾中天天天

亥年

天中兑乾中巽震坤坎離艮兑乾

地乾中兑乾中巽震坤坎離艮兑

進 巽中天天乾兑艮離坎坤震

退 天巽震坤坎離艮兑乾中天天

天官符地官符天大進羅天大退定局若用山有吉星制（羅）

伏亦能主吉叢辰也辨疑詳解矣（辰）（已）

喪葬解疑　劍鋒　陰府

劍鋒二十四山如乾山十二月（乙庚府）亥山正月（戊癸府）壬山四月（丁壬）子山五月（丙辛）癸山冬月（丙辛）丑山六月（乙庚）艮山六臘月（甲己）寅山四月（丁壬）甲山正七月（乙庚）卯山四月（戊癸）乙山六月（丙辛）辰山八月（丙辛）巽山十二月（甲己）巳山十月（乙庚）丙山四十月（甲己）午山冬月（丁壬）丁山五月（乙庚）未山七月（戊癸）坤山六臘月（丙辛）申山三月（丙辛）庚山正七月（戊癸）酉山六月（乙庚）辛山六月（甲己）戌山十月（丁壬）如劍鋒乃建前一位太旺之氣制伏則吉　子午卯酉乾巽坤艮八山有正陰府餘十六山為傍陰府如乾坤見乙庚丙辛是也正陰府一字亦忌傍陰府單一字不忌此乃是納甲化氣所尅也宜用象神制之乃吉

如天官符地官符大月建小月建正陰府傍陰府劍鋒煞均有制伏有制伏則用無制伏則不用惟五黃坐山不能制伏只可避讓不可妄犯若犯即損人口五黃乃洛書中宮無有吉星化解而吉星莫大於日月能化羣凶獨五黃不能化解學者當分明白故立叢辰以釋其疑擇期先明五行生尅制

化調遞補救用神吉中凶凶中吉不必拘泥神煞有吉星而凶星自然潛伏矣而庸術不明此理三年五載不能選一吉期故使人久停親喪豈有此理也天元選擇辨正亦詳明矣而選擇之書亦難枚舉歸正宗其理亦正偽法不辨自息矣每日有吉有凶已詳明於精義上第六十一二章閱之自明矣人人知三元人人不知有三元人人講選擇實人人不知選擇者也有人將挨星作擇日謬不止千里也杜撰之勝者乎

在田識

嫁娶捷要定局

論命	子	午	丑	未	寅	申	卯	酉	辰	戌	巳	亥
大利月	臘六		冬五		二八		正七		四十		三九	
小利月	正七		十四		三九		臘六		五冬		二八	
妨公姑	二八		九三		四十		冬五		六臘		正七	
妨父母	三九		八二		五冬		十四		七正		臘六	
妨夫主	四十		七正		六臘		九三		八二		冬五	
妨女身	五冬		六臘		七正		八二		九三		十四	
妨兄弟	冬五		臘六		正七		二八		三九		四十	
妨媒氏	七正		四十		九三		六臘		冬五		八二	
妨伯叔	九三		二八		冬五		四十		正七		六臘	
男厄年	未	丑	申	寅	酉	卯	戌	辰	亥	巳	子	午
女產年	卯	酉	寅	申	丑	未	子	午	亥	巳	戌	辰
埋兒煞	丑	丑	卯	卯	申	申	丑	丑	卯	卯	申	申

嫁娶者值利月取其夫婦和睦少病危妨翁姑與妨父母有則忌無則不忌妨夫主與妨女身不用其餘媒氏叔伯兄弟可以不忌而男女之厄年產年如犯之主生病患如期課上吉用之亦無碍週堂日時得羅紋貴人到宮用之反吉多兇女其餘神煞雖多取吉星制之不必拘泥以不將日季分日上吉

惟此例當忌若犯則小兒難養其餘之忌避合得不將之日期皆可不忌務有碍惟

論女命甲乙丙丁戊己庚辛壬癸帶馬煞忌之可知寅申子辰女命忌寅日亥卯未女命忌巳日寅午戌女命忌申日巳酉丑女命忌亥日餘無忌俗有忌同牀反目河翁陰差陽錯孤辰寡宿三刑六害一切等等之煞並無確據高明者不必拘泥合吉亦主吉祥夫婦和睦地久天長

論女命	甲	乙	丙	丁	戊	己	庚	辛	壬	癸
真夫星	辛	庚	癸	壬	乙	甲	丁	丙	己	戊
	未	辰	巳	寅	卯	戌	亥	申	酉	午
真天嗣	丙	丁	戊	己	庚	辛	壬	癸	甲	乙
	寅	亥	戌	酉	申	未	午	巳	辰	卯
冲夫星	丁丑	丙戌	己亥	戊申	辛酉	庚辰	癸巳	壬寅	乙卯	甲子
冲天嗣	壬申	癸巳	甲辰	乙卯	丙寅	丁丑	戊子	己亥	庚戌	辛酉
冲生煞	巳	子	申	卯	申	卯	亥	午	寅	酉
滅子胎	辰	巳	未	申	未	申	戌	亥	丑	寅
流霞煞	酉	戌	未	申	巳	午	辰	卯	亥	寅
紅艷煞	午	申	寅	未	辰	辰	戌	酉	子	申

惟有安牀一訣註於人元部五十三章依法用之最吉

在田謹識

嫁娶不將日

正月 丁卯庚午辛未丙子己卯壬午辛卯 壬辰甲午丁酉丙午壬子丙辰戊午

二月 乙丑辛未甲戌丁丑癸未己丑 甲辰

三月 癸酉丙子丁丑戊寅壬午戊子乙酉 丁酉庚子壬寅己酉壬子丁巳

四月 乙丑丙寅庚午癸酉辛巳辛丑乙酉庚寅辛卯 丙申丁酉戊戌庚子己酉辛酉庚戌乙卯甲戌甲午

五月 丙寅辛未甲戌戊寅癸未甲申丙戌庚寅乙未 丙申壬寅丁未戊戌甲辰庚戌丙辰壬戌

六月 甲子丁卯己卯癸未甲申辛卯 乙未癸卯甲辰己酉乙卯

七月 甲子己巳辛巳丁丑壬申丙子壬午甲申戊子癸巳 戊戌癸卯乙巳戊申壬子丁卯戊午壬戌

八月 乙丑己巳辛未丁丑癸庚辰己丑癸巳 乙未乙巳丁巳庚戌辛巳

九月 丁卯庚午丙子己卯辛巳壬午丙戌辛未辛卯 癸酉癸巳甲午丙申癸卯丙午戊午戊申

十月 甲子丙寅丁卯庚辰庚午戊寅己卯甲申乙酉庚寅 癸卯辛卯甲午庚子壬寅甲辰己酉乙卯

冬月 戊辰壬申丁丑甲申庚辰庚寅壬辰丙辰 己丑辛丑壬寅丙申戊申癸丑乙丑

臘月 庚午癸酉乙酉庚寅丁酉 乙巳 己酉乙卯 辛酉

不將上吉日 天德天月二德合三合五合六合月恩亦上吉 天喜 天醫 特陽 生氣 續世 特德 母倉 天貴 等日次吉

太白遊方新人不宜抵向一日震二日巽三日離四日坤五日兌六日乾七日坎八日艮九日中十日天上又從震做此

鶴仙遂日遊方新人不宜抵向　甲子至庚午七日正南方　辛未至丙子六日在未坤申三方

丁丑至辛巳五日正西方　壬午至丁亥六日戌乾亥三方　戊子至壬辰五日正北方

癸巳至戊申十六日在天　己酉至甲寅六日丑艮寅三方　乙卯至己未五日正東方

庚申至乙丑六日辰巽巳三方　以上二星占方新人不迎向㡯免坤煞相冲也

帝后吉日嫁娶遇之最為上吉　其訣天帝以正月順行十二宮　天后寅午戌月在丙

亥卯未月在甲　申子辰月在壬　巳酉丑月在庚　倣此

其餘之神煞忌避不必拘泥但取吉期可矣

在田註

嫁娶忌避論

大月從夫起初一小月從婦起初一若值夫值婦則不用值翁姑者忌而無翁姑亦可用如值堂（用硃書麒麟占此貼中堂大吉）值第（書姜太公在此貼门上大吉）此白虎煞也期吉無忌（有值公姑者亦大吉公姑不見石新人喜轎之面次日見之也）值廚灶（新人不下廚灶次日亦可）俗忌披蔴喪門吊客一切神煞已難盡述總之擇取佳期何忌之有吉能壓凶凡事皆吉但令休咎各有數焉世之愚夫愚婦多有將禍移與新媳何也家屋衰敗便言媳之八字不好無子者夫婦不和者又言年月不好家屋衰敗

殊不知早已當衰即如家屋將興旺娶一新媳進屋更興旺你不言是新媳之福也興衰成敗是有定数先看子弟之成不成也言年月不好亦有可知而不育子者或者男女有病或者淫慾過度或者損於酒色財氣而無子者有之有生子而不存者有先後天不足者有陰陽二宅虧損者甚至敗絕者亦有積悪所致者総看其行為必知損敗於何處聖人曰國家將興必有禎祥國家將亡必出妖孽一定之理也嫁娶之理無非取其日吉時良而矣如夫婦之休咎是善緣[悪緣]未可知也即或悪緣縱有佳期良辰豈能挽回哉世有售術之徒盲言又犯神煞又是刑冲破害又犯八

敗此数語悞人性命公婁丈夫以為不好便生嫌賤家屋不順夫婦不和亦言媳之八字不好此所以受妄言神煞之害也而論神煞者原出於唐朝一行僧呂才揑造滅蛮經之説故有上中下合婚之假語駭退蛮夷不敢妄配今時之人信以為真可嘆有合上中婚者反生災禍夭亡耶而合下婚者又得福壽双全子貴孫賢究竟是合者好不合者好耶周公孔子治禮儀定婚姻何嘗有神煞合婚之説豈不是後世偽造者乎奈何習染以久不能喚醒夢中之人也如両湖三江両浙未聞有合婚之説亦無有神煞之論惟南方人多信之説媳要八字好真愚之不堪也[illegible]

譬如人生一女未必不看八字即如不好可以更改日時乎不然此女終不能為媳也豈不是愚之不堪也世有喜富厭貧女子有不遂心一者少女配老兒一者富女嫁窮夫者是也凡為父母者養女必擇年貌相當門戶相當少女配極是第一良方必女配老兒必是父母愛財而致如此婚姻嫁娶之類有許多閑疑而明理者少不明理者多又如嫁娶一事各處有不同擇之年月日時亦有不同須要先知地方風土人情遠近而後可以擇吉取時喜期亦在選擇中第二件大事不可不慎而售術之庸愚何嘗見聞者乎如天星之用必要看定坐山宅向而後選期方有准驗否則

不應是（矣）選擇日家共有七家各有同（不）總之莫外乎理也

在田識註

選擇者古有趨吉避凶之說後世解得紛紛矣以訛傳偽
非是見凶而不用謂之趨避非是取現成死法而用板格
有吉星在日主干支上而論趨避則謬之謬者也有一凶
星（自）則有一吉星守之制之化之要知吉星在何宮凶星在
何宮即如凶星在南而吉星在東又何化解斷非一室盡
屬壞人豈無好人乎凶星有地位吉星宮垣上下相感譬
如賊匪守山野官長有宮時（公衙時）趨避之法趨者得元運生旺
之氣一者吉星位（得）逢時羣凶潛伏曰趨避（而）者避元運衰敗

煞氣凶星無地曰避生旺衰敗非三合家用長生帝旺衰病死墓謬矣而修造埋葬嫁娶三事乃為人倫之首不可以不謹修造有修造之訣庸愚之用則不然也東指西望便言坐山不利又言向上不利由他無稽之談埋葬者乃不容易蔣公云穴吉葬凶離禍旋踵穴凶葬吉並不為咎庸愚只知陽年東西利陰年南北通二語却悮人不少又言太歲坐三煞畏之如狼虎究竟不知是何物太歲是在天盤之十二宮。每一年行一宮並非在地盤之十二支也何相干涉二十四山坐三煞乃子評上之絕胎養三字如何坐地盤之十二支位上又不坐四維八干其理不甚相通將公玉尺經已辨其非但五黃煞造葬兩事大忌年月日時不宜到山經云煞中惟有黃更凶八方到處不容情其餘凶煞俱有制伏黃無制伏黃乃洛書之中宮統地之氣上應北斗九星之第五位曰廉貞北斗九星統天之氣故廉貞五黃切不可犯如犯即損人丁口不利

造葬定局吉期 得時合運者為上吉日不必拘值死法

鳴吠吉日 壬申 癸酉 壬午 乙酉 甲申 丙申 丁酉 甲午 丙午 丁酉 庚申 辛酉
庚午 此十三日最吉

鳴吠對日 丙寅 丁卯 丙子 辛卯 壬寅 庚子 癸卯 壬子 甲寅 乙卯 庚寅
此九日最吉

大明吉日 辛未 辛亥 壬申 壬辰 癸酉 丁丑 丁亥 己卯 壬午 甲申 乙未 壬寅 甲辰
丙辰 乙巳 丙午 己酉 己未 庚戌 庚申 辛酉 大吉
壬寅 甲辰 丙辰 壬辰 丙午 壬午 己未 甲申 丙申 壬申 庚申 乙酉

地虎不食
己酉 丁酉 辛酉 癸酉

不守塚日　庚午至癸酉　戊寅　己卯　壬午至乙酉　丁酉　己酉　甲午　乙未　丁未　丙申　丙午　壬寅　癸卯　戊申　庚申　辛酉

墓龍不守塚月　二四六八十冬臘　此七月不守　其餘守

每月吉日良時入棺閉殮吉時

子日用甲庚時　丑日用乙辛時　寅日用乙癸時　卯日用丙壬時　辰日用丁甲時　巳日用乙庚時

午日用丁癸時　未日用乙辛時　申日用甲癸時　酉日用丁壬時　戌日用庚壬時　亥日用乙辛時

以上定局日期與二十八宿吉凶不必拘定呆法在人活潑變通取用如二十八宿得時得令星星皆吉不得時令則星星有凶是明天文者可知也俗忌有心罡參鬼亢氐昂牛八宿不嫁娶是也如期課上吉則不然也殊知列宿居四垣應春夏秋冬東西南北與四時行氣者也非與日干為吉凶也

後序

在田著

地學者大道也乃天地之道也前賢諸先覺不肯唱明於世迨至明末蔣大鴻先生發明奧義註平砂玉尺辨駁偽法慕講師發明玄空大法必得明師口傳心授庶免滲漏天機余得精微奧妙之理亦在此三卷錄書之中非是緣上談兵实有俾益於仁人孝子余棄爵雲遊方外多有不識真賢相地選期遇緣者數人而矣十年之內可見吾之道真矣非是江湖者可比也愚人多愛逢迎誇講包出富貴此是賣術之妄談也何為十年內而見道余用阿陋井之地發也有思想者遲也小地與小德大地與大德故然如

此亦看有緣無緣地之真待其發也明矣是地學之真傳非淂真訣真文如不淂真訣真文如掩耳盜鈴口須生大言煽惑愚人自己实無实學余見者亦覺不少亦有未揆師傳者不可勝数真是糊之不堪也　嗚呼蔣公玉尺云自古地学真（偽）並行各有天為假道乃天地所設也有福德者必有明師相遇明々中有鬼神用事豈不各有天為於各處之地亦難枚擧余就說而不知者已為妄談如阿陋井紳灶馮裕炳南沛遠澤遠應昌十年內發方見地学真宜（也）余言之先也斯地人所共知故尔書之於後而沛與澤又當別論而不知者是也舜非堯也寅也秀（也）德澤者也灵鷲（鷲）

者也世所罕有時師目所未覩耳所未聞乃天然之穴者也形似壁上掛燈山須高而平坦兩峽有蔭龍清泉所貴者水也可嘆時師見此地而棄之謂之高也風也真是無眼界無实學豈敢下手余迁破此地未知他德可称地乎余得地學三卷秘密口訣是吾後學者慎無洩漏免遭罪戾者哉非忠孝廉節之人切不可傳此三卷秘密法家形家日家盡於此也入吾门則（見）是吾道非是尋章摘句先師之口訣者也

在田書於阿陋井受於李考氏珍藏